LOVE POEMS OF A PHILANDERER'S WIFE

by Henny Wenkart

Yiddish translations by
Mindy Rinkewich

Design and Layout: Boris Budiyanskiy

ISBN 0-9724565-9-7

© 2007 CYCO Bikher Farlag
25 East 21st Street
New York, NY 10010

AUS MEINEN GROSSEN SCHMERZEN
MACH ICH DIE KLEINEN LIEDER

Out of my great pain
I make the little songs

– HEINRICH HEINE

This cycle of songs is for my adored husband
without whom they would not have been composed

ORIGINALLY PUBLISHED IN:

"The good girl" and "Splintering": PRAIRIE SCHOONER ANTHOLOGY OF CONTEMPORARY JEWISH WRITING (University of Nebraska Press, 1998.) "Adam and Lilith, Adam's Eve": WHICH LILITH? (Jason Aronson, 1998.) "The Seasons of the Swastika", "Safe House", "April", "Shopping Advice", "Heartbeat", "Elegy for my father" and "Kri'ah: SARAH'S DAUGHTERS SING (K'tav 1990); "Broken": WE USED TO BE WIVES (Fithian, 2002.)

Periodicals: RESPONSE: "Bedecken". CONFRONTATION: "The ice; the sailor". LIPS: "The philanderer", "April fool", "On waking from a nap", "Baltimore". PATERSON LITERARY REVIEW: "Comfort", "Freedom", "Jamaica", "America", "I live on Delta Airlines", "Michal", "Musical husbands", "Fruit Chess: playing by new rules", "Crumbs" and "Discard guests". AUFBAU: Matzah Balls". POETICA: "This name". HOME PLANET NEWS: "You offer to jot down a quotation", "Kittens". JEWISH WOMEN'S LITERARY ANNUAL; "At the wedding of our son", "Dialog", "My young mother, your year of mourning", "The last day", "Not home", "On hearing you fainted in that girl's house".

About the Author

Born in Vienna, Henny Wenkart arrived in the United States on a children's transport. She was educated at Pembroke College, Columbia University (M.S.), Radcliffe (M.A.) and Harvard (Ph. D.). She taught both Philosophy and Writing at Harvard and at Stern College for Women of Yeshiva University.

She and her German-Jewish husband have three married children and a number of grandchildren.

Henny is Editor of the JEWISH WOMEN'S LITERARY ANNUAL and the anthologies SARAH'S DAUGHTERS SING and WHICH LILITH? Her translation and re-editing of Pauline Wengeroff's nineteenth-century memoir was a finalist for the Jewish Book Award and has been translated into Russian. Her papers about the philosopher George Santayana appear in scholarly journals, her poems in literary magazines.

She often lectures at various universities; is writing a novel. The Jewish Women's Poetry Workshop she leads in New York has been meeting every month for twenty years.

Contents

Prologue

Part One

Part Two

Part Three

Part Four

Epilogue

PRECIS

She is a secure little Jewish girl, daughter of a lawyer in beautiful Vienna before the Nazis — a city full of palaces, parks and music.

He is a little boy in Nazi Frankfurt, where Jews like him are already beaten up, and all little boys, even Jewish ones, admire the tall, black-clad SS.

Both families come to America, where at first they are very poor. The boy and girl grow up knowing one another and later, in college, fall in love. But German Jews don't like Jews from Vienna. He is not supposed to date, much less marry, her.

So they elope, love each other, work hard, give grandchildren to their parents, are faithful to each other, and for a long time all seems well.

His father always taught him that real men are not monogamous. The young couple think this is nonsense — at least, she believes that they both think this.

Very gradually she starts to sense that something is wrong — then WHAT it is — then WHO it is. Nowadays first wives don't die young, as they did centuries ago. They live and sometimes are discarded for "arm candy" — and they, not the candy or the man, are supposed to feel shame.

These poems develop the courage and good sense to reject that role.

PROLOGUE

1. CRUMBS

A minute here, half hour there,
Our friends despair when I allow you
To feed me crumbs.

But I would eat these crumbs now from your hollow hand
Or off the edge of your big toenail.

You walk into my room shining,
Dressed in yellow like the sun,
And my womb stirs to life
As it has leaped and trembled for you
Fifty years and more.

Friends ache for me
Watching the tumult in my body
Drive me ceaselessly
From place to place.

Ah, friends, understand me —
This is what is left.
I had the whole loaf here in my arms
And wasted it

PART ONE

2. THE SEASONS OF THE SWASTIKA

the first swastika season
i was four.
little biplanes flew over vienna
and from them
colored little paper swastikas
fluttered down like petals in the blossom season.

i stuffed my pockets full of blue, pink, orange thin-angled petals,
tried to stuff the glorious carpet of paper petals
from the sidewalk all into my pockets.

that was a sin, i could see that as soon as i got them home.
mitzi laughed, but her laugh was wrong,
and mommy shook me! screamed at mitzi!
picked me up and shook me!

The second time those petals came
I never touched one.
I was ten years old
And I never touched them.

the first swastika season
daddy held a lawyer's pass to the inner city.
we could make our sunday outing to the palace garden.
daddy had a pass.

young soldiers in pairs let us through.
to this pass only the palace itself was off limits.
still, I tantrummed for my climbing ledge along the palace wall.
and serenely, his hair shining, his smile
shining,
daddy approached the seargent: do you
have a little child? what can i do?
she always climbs there..."

the first swastika season i won.

The second time they bloomed
Blood red and black
Down the buildings,
On people's arms,
High on the steeples against the sky.
I never touched them.

3. SAFE HOUSE

On the tenth of November
On the day THEY call Kristallnacht
Mommy was the hero then,
Mommy was the hero.

"We are sealing off apartments,
Hurry, hurry with your packing,
You must get out, just a few things,
Hurry, we have work to do!"
And she nodded, ran down cellar,
Took the lift up to the attic,
Packed a suitcase and unpacked it,
Wrapped a compress on her throat.

In pajamas, in her wrapper,
Stalled them, stalled them with her packing,
Packed and unpacked seven hours,
"Yes, yes, yes, the baby's things,
You see seargent, the old woman —
And my husband — should be back now —
Maid's gone off, too — such a bother —
I myself will go down cellar.
One more suitcase, that should do it,
Yes, I'll hurry, I will hurry".

Till the super came to say
It was over, Aktion over.
Those downstairs of us were locked out.
Those upstairs were saved by Mommy.

God, she laughed that night, eyes sparkling,
Put her clothes on, fed the women
Who had come to us for refuge
To our safe house
Saved by Mommy.

4. APRIL

It is April
> night
>> a terrace high over the Hudson.

She, seventeen
> lifts her face to a spray of blossoms under the
>> street light,
> caught by their sweetness

but aware

how sweetly, also
the curve and stretch of her slender throat give
> back the light.

He, twenty, gazes
> trembling
>> and catches his breath.

5. LOVE POEM AFTER OGDEN NASH

The earth is filled with glorious fecundity
Generating produce chunky, sinuous or of adorable rotundity

Many a whale that in the vasty oceans plays
Is breeding scrimshaw or alternatively corset stays

Fragrant lilies welcome honeybees upon their
    multicolored lips
While roses bring us Japanese beetles and hard little boilable fruit
    called hips

There's a male fish guards his young by stowing them
    in his mouth
And a Daddy swallow is always with his same Mommy swallow
    when they come back from going South

Cuckoos foist their offspring on foster birds sufficiently
    industrious and weak
Amazonian tree frogs lay their eggs in huge very high leaves —
    perfectly safe unless they spring a leak

Hydroids will bud with sex or without
But some cicadas wait seventeen years underground for one good lay,
    then die in ecstasy once they come out

And my favorite specimen of our genus
Grows red hair all around his penus.

6. ELOPING TO PORTSMOUTH

You look good, the roundfaced cop smiled
Me in my fresh new white lace blouse
The white lace had astonished you, made us both
Breathless
And every detail of that whole day heightened, indelible.

From the Charles, where one evening at sunset on the
    Walking Bridge
You first had come to know you love me
We drove north to a high bridge over the Piscataqua
There it heads past Seavey Island and Gerrish Island
To flow into the Gulf of Maine.

We tossed the dime-store ring into the water far below.
Beginning now everything was serious, real.

The smiling cop directed us
To Amerigo Belluci who heard our vows.
Will you love her and cherish her for better, for worse
Forsaking all others keep you only for her
So long as you both shall live?
Yes, you said.
Yes I will.

7. YAVNEH

When Yerushalayim was falling,
Yochanan ben Zakkai
Took the Torah out of the city
To Yavneh
Where it could live, grow, and lead us still
Wherever we are scattered
With a million voices proclaiming
We are here.

One full moon evening,
Newlyweds on our first journey to Israel,
We visited Kvutzat Yavneh, with its chicken farm.
The hens were sleeping in their coops,
But a thousand white roosters
Slept on high roosts, poles, fences
In the full moon light.

I crowed!
I crowed so convincingly that
I woke the thousand white roosters of Yavneh
Set them crowing and crowing
In the light of the full moon.

8. HI DADDY

That was the best time, when the test came back YES
And I couldn't wait to tell you when you came home,
But called you at work and said, "Hi, Daddy".

My wonderful Darling, you wrote on a post card,
I feel so mournful having to be away from you
A whole night in this motel
Take good care of yourself and Jonathan Devorah
I love you

We went to tell our parents. My Dad got on the phone
To his brother: I have something to tell you
Henny is expecting a child... yes, here comes another
      generation
Your father filled the glasses, handed one to you, said
You must make a toast to your wife.

Hopping on one foot you raised the wine beaming
And crowed,

I did it! I did it!

9. GIVING BIRTH

I've changed my mind —
Not ready!
No one told me — **Mom** must have known!
Everybody says it hurts,
    doesn't mean it hurts **this much**.
Nothing can hurt as much as this.

This is what it will be like
When death comes.
A sledge hammer rip saw pounding,
    tearing

      again again
And me alone.

Just like now, I'll change my mind
And it will do no good!
Not ready!
Not ready!

10. ECLIPSE ON NANTUCKET

When our youngest child was three years old
We all flew out to Nantucket Island
To see the total eclipse of the sun.
The airline put on extra planes to the farthest Eastern
    Seaboard
The Harlem Globetrotters were on our flight.

On the windy beach in our winter parkas
We tossed a football while we waited
Other families were setting up telescopes
Or home-made pinhole boxes.
All we had brought was double-exposed film
To look straight at the sun in eclipse.

Soon a sunset or sunrise began to glow
All around the horizon
The birds stopped singing, began to circle
And in the silent dunes, dogs skittered nervously.

Through our darkened double film
The moon began to take out lozenge bites of sun
While high up, closest to the sun
Where the sky was darkest
Stars began to glitter.

A strange halfdark, lighter at the edges
Shadowed us for more than a full minute.

From the blacked-out sun fire flickered into space.

At last a thin, tiny rim of gold appeared
We could see time and the universe move

Then we said to our small children
The next time you see the moon do this to the sun
You will be old grandparents.
And you will say to the children of your children:
"The last full eclipse of the sun I was the age you are now!
My parents took us to Nantucket Island".

11. ELEGY FOR MY FATHER

And now — is the pain gone?
Sometimes I weep for you still.
But my Kiddush in your memory had the feel of celebration.
Your namesake dressed the Torah.

You were a young father
when you lost your father.
I remember the racking grief of your mourning.

    much later
    when your mother died and
    that terrible grieving did not come again
I asked you about it and you said,
"I haven't closed the book".

Now, with the pain gone,
I think the reason may be

    I am beginning to open the book.

12. BEDECKEN

Whose smile is that?
Seated amid her women —
     her attendants in light and darker blues,
     her mother, his mother
My daughter beams at her beloved
     (the violin is singing, "A woman of valor who can find?")
Where he comes followed by his father, her father,
     her brothers, his brothers.
But whose smile is that on her face?

It is the smile of their private hours.
He is not surprised by it.

It transforms her face
Into not her face as I know her.
     A little it is like the smile of my mother,
     But not very like that.

It is
My daughter's smile as she is the woman of her man,
Properly unknown to me.

He puts the veil down over her face.

13. HEARTBEAT

All that long time
While my little girl
Carried you inside her
My name for you was HB
For heartbeat.

That was all that they could see
On that first sonogram
Of you.

O my Heartbeat,
My Danny
Why did I think I would be
Like everybody else
When I never was before?
But they said
They all kept saying
Wait! There's no thrill like it!
Just to see your little grandchild
In the hospital under glass.

Then the whole long day
While you and she
Labored to get disentangled
I arranged her baby pictures
In an album
And I cried,
Waited,

Felt your head bashing against bone, Danny,
Heartbeat,
Felt your ears crumple.

It was Shabbes and your uncles at the table
While we waited
Made a special brochah for the firstborn in Israel
And another for those in pain.

Next morning there she was
My little girl
Battered, worn out, pale — and they asked me
Have you seen him?
Have you looked?

But I had come to see MY baby.

First SHE had to heal.
First I had to see her nurse you
And become your world,
See you thirsting for her with your eyes.

A double-edged joy, that, to be sure,
And peculiarly
Secondhand.

Furthermore it isn't true, the other nonsense
They all told me.
You don't worry less.
The worry over someone so tiny
And so helpless
Is poignantly compounded by the worry's secondhandness.
Not I, but those young parents

In their inexperience
Will always be deciding all decisions.

By now a second long nine months have passed,
and now at last is OUR time, heartbeat Danny.

Your eyes light up for me now
We growl a special growl at one another
And as I fell in love
One by one
Deep and forever
With my babies
(They were your uncles and your mother)
Now my Danny, Heartbeat,
Now it's you.

14. MY YOUNG MOTHER — YOUR YEAR OF MOURNING

It the autumn of the year your mother died
    the leaves fall with a difference;
The winter is very cold.

The spring comes
    the spring of the year your mother died.
    The flowers bud with a sadness.
    I, your baby girl, am born into this sadness.

Summer blooms   she died in summer.
You set the stone for her memorial.

When the fall of the year comes again
    It is the fall of the next year.
This is the year into which you step

    Alone.

Your mother stays behind in that year
    and you go on without her

Into all the years.

15. MATZAH BALLS

Mother's matzah balls were fluffy, loose,
Shapeless as the pale yellow Griessnockerl of Vienna
Just eggs, fat, water, salt and matzah meal.
The batter a bit soft: chilled firm, then quickly simmered.

I married into German Jews. Here the Pesach soup plates offer
Perfect little prebaked spheres, a hint of nutmeg.
These matzah balls are dense, tough, unforgiving.

16. KRI'AH

Shall I put on this Kri'ah?
The ragged black ribbon on a black button
Funeral-parlor sackloth
That they give you at the graveside
"Wear this for thirty days", the Rabbi says
You put it on
    and then they cut it
        to show you
            that you are a
                mourner.

To brand you a mourner.

Shall I wear — exhibit — this rag for my mother
who spent eighteen years dying?

And even — am I entitled?
Dare I wear it, who am implicated in her death
Implicated in the form it had to take?

When once she felt herself going
she tried to die in dignity
and I
was an accomplice
of those who forced her to go on for years
becoming less
    And less
    and less —
Dare I put on a Kri'ah?

I decide to put it on.
Not for my merit
But hers.
And as the thirty days pass one day by one day
Am fortunate to wear it where people understand.
They ask, "What happened?"
"My mother died".
"Oh. I am sorry. May you be comforted
among the mourners for Zion and Jerusalem".

And that is why.
I, a Jew, wear this Kri'ah
    for her merit, not my own
And to give others the mitzvah of comforting the bereaved.

May you be comforted in the midst of — surrounded by —
the mourners for Zion and Jerusalem.

May you be comforted.

17. SHOPPING ADVICE

Fresh is much better than frozen.
You'll hear that frozen is more predictable
     and controlled
But take my advice, fresh is the way to go

They are talking this evening
     not about vegetables to feed their children
But sperm

To make them.

O yes, they want it all, but with a difference -
They are game to make it themselves.
If they must,
Alone.

Maybe it is more the same than different
Maybe it was never really about shopping but about company,
Women give that to each other
     whatever they are forced to be doing.

Here are Jewish women unwilling to die childless.
"May you see your children's children", says the blessing.

But their questions!
What will be my child's position halachically?
My child's options?
(Subtext: will the inlaws reject?)

How to tell her — the fickleness of Jewish inlaws
    Steadfast to reject the refugee girl from Europe,
    Jewish, yes, but who knows her real background that can't
        be traced...
    So quick and ready to accept
    When there is money.

The questions!
Raising a child alone, how will it be each time a sitter takes over?
How tell her — two generations of women have raised their
    child alone.

    Why else did they need, out in those suburbs,
    their daily coffee klatsch fixes,
    their shopping advice?

Why am I here? Past menopause and my three golden ones in
    my quiver —
I know for certain: It is not as voyeuse.

I have the right.

18. ENDGAME

My friend and her new love will remarry on New Year's Day.
People marry December thirty-first,
For the joint-return tax advantage.
Not they.

Their children — her daughter, his sons — are grown
And out, but what they own
At the end
Must go his to the right, hers to the left

If you stay with your youth's sweetheart
Endgame is a lottery.
Whoever lasts longest gets to say who will have what
Which son or daughter will enjoy each picture and spoon

Which grandson will rock his own grandson
In whose grandmother's rocker.

19. KITTENS

In my house there are no kittens any more
The time when there were kittens there were too many.
They drove away my husband
He gave it as his reason that they were driving away our
    friends.
He was ashamed to bring friends home.
I had not wanted pets.
Had not been raised with pets.
I had no practice
Giving anyone away.

I couldn't give away the kittens.

Sometimes they died.
Sometimes they died because I couldn't take them to the vet.
I had no pets growing up
I wasn't raised to stuff anyone in a cage.
On the way to the vet
Loose in the car
They panicked
Jumped on my head
Squoze under the brake
Sat on the steering wheel
I would turn the car around and go home
Sometimes they died.

I couldn't distinguish between
A pet and a person.
I could not have the females fixed
So long as I myself was fertile.
There were more and more kittens
When the provera a friend sent from Israel ran out of date.
The kittens would have kittens the following spring.
One time I saw Little Prince service his younger sister Malina.
The younger brother, Lord Peter Wimsey, her littermate,
Sat by groaning, waiting
Then he had his turn.
Those kittens emerged
Each one resembling its father
Little Princess an orange fire like Prince
Percy grey and white, like his own Dad.
Each father cared for his kitten
Licked it, curled around it.
We did find a good home for Percy.
Lord Peter Wimsey, one year old
Went out scouring the streets for his son.
Killed by a car, barely a year old,
While searching and calling.

I wasn't meant to keep pets
I can't tell them apart from people.
There are no kittens any more in my house.

20. THE GOOD GIRL

Erev shabbes sun bathing the towers across the park,
Gleaming windows, gently blowing branches
All remind me how we sat here at this table

I'd tell you we have tickets Sunday but we don't have to go
Shall we do something else?

O, you'd say, shrugging on your jacket,
I won't be around this weekend — I didn't want to tell you,
It makes you look so sad.

Why did I never
        NOT ONE SINGLE TIME
Toss on my coat, OK where are we going?
Or, You are my husband!
You'll stay and spend the weekend with me!
Or even darling, what's happening with us?

Because
If I was a good girl
And kept silent
Surely, surely whatever it was
Would go away

PART TWO

21. SNORING

When we were young I would complain
About your snoring
It was keeping me awake half the night
Building sick headaches.
If you really loved me, you would say
You'd lie there happy just to hear me snore.

It has come true.

Perhaps because my hearing now is less acute
Or for another reason
When I am privileged
To watch you snore now
Cheeks gently puffing in and out
Trim ankles crossed one on the other
Your chest solid, radiating all the warmth
    the world can hold,
Those times I am happy
    Just to hear you snore

22. WAKING FROM A NAP

Drowsily I stretch into the pleasure of your voice
On the telephone in the other room
A pleasure I do not take for granted these days.
I'm sitting here waiting for what's-her-name
That is what I hear you saying.
I'm sitting here waiting for what's-her-name
to wake up.
Dear God in heaven!
Oh, good, you say, you bought it — it comes 20 by 60 or 30 by
    60?
But we're getting 20 by 60, right?
WE?
Well, you got a good buy because you took it without the glass.

You run through a list of names, people you'll call next
I know most of those names
But whoever it is you are talking to KNOWS THEM ALL!
I'll be home tomorrow you say.
But, I think dazed, you are home now!

Quickly then, before the other person can hang up,
You say into the phone I love you.

That's when all the walls collapsed.

23. SONNET FOR MY LOVE

My love, you've left me once before and that time
I won you back, with patience and with ingenuity.
That time was forty years ago. Now Pan, and Peter Pan
You won't grow old! Not graciously, not wildly — not at all.

You're Dorian Gray, I'm the mirror; I'm "Omama", you're
    "Grumpy"
And spin your dream about the younger, blonder model.
Not to be cruel — at least, not only.
Just — I'm your parents now, to whom you say

I love you. And I'll be back, for birthdays and the beach
For funerals, weddings and some holidays
Unless you block my dream. But let me free
To find my youth and live my youth again

Then I'll remember you with sentiment
And will forgive you for growing old alone.

24. COMFORT

Any woman I put in your place, you cry out to extend me this
comfort
Will be inferior to you.
All, all the ones I consider, you promise in desperation
All, all your inferiors!

With that and twenty-five cents
I can make a local phone call.
Waking alone before day what should I recite
For my comfort?

An inferior head now rests in his armpit
An inferior smell scents his bathroom
And on his shower rod
A pair of inferior panties?

Hours from now in fresh sunlight
An inferior woman's tongue will part his lips awake

25. WEEKENDS

You've made me a mere weekday book
On Friday afternoon you stuff me onto a lower shelf and hurry
Far out of range
So until Monday morning I don't exist

26. FREEDOM

I think that I am free of you
And hardly care
When our next meeting is to be
Until I notice that I only think this
The instant after I have heard your voice
And you have set the time
Of our next meeting

You think that you are free of me
And hardly miss me
So long as still I'm holding everything together
So long as still you always know exactly
Where you will phone me, just where I will be
Awaiting your pleasure
On Monday morning

27. AHABAH

I've not read Moby Dick
But I have lived in New England
And sung the whaling songs.

You, love, running plunging sounding
Gasping spouting
With my harpoon in your heart
Till compassion for you tugs at my grasp.

But yanked, hurtled, hurt, helpless, blindly
I grasp the line with both hands
Defying pain

Might I let go, but for the danger:

That I must watch you run
And plunge, sound, spout freely
Happily after all,
Companioned —
Not with me

28. ILLICIT

Reaching way back to the days of our young
Illicit love
When you came running to me, not away,
You call me as one does a mistress from the office
Take me to festive lunches
Give me your jacket against the cold

Darling, is it truly
Not the predator out in the blackness you run to now
But simply us, in an imagined future,
Illicit lovers again?

29. CUTTING

I'll try to turn you loose, my love, my darling,
And you will try
To cut me off. But we know that we can't really do it
Not I, not you
The children have our faces, our voice.
They sing our songs and tell our jokes and sayings.
For you and me to cut each other
Out of our hearts, we'd have to cut so deep
That no one could ever stop the bleeding.

30. KAREV YOM

There will be a day
Neither day nor night
There will come a day
All brightness.

You will take our grandsons
Two on each knee
They will call you Grumpy
Grinning up at me

Till I say move over!
Make room!
Plunk myself down between them
And you will hold us all together

Strong and warm.

PART THREE

31. DIALOG

Age 7 Speaks to Age

Take me on an adventure.
Let's go to a Vienna without Nazis and Israel without war.
Let's gather up the whole family, uncles, aunts, grandparents
Everybody
And all travel together first class, with white tablecloths
And raspberry soda
All in a good mood, none of the mothers with migraine.
We'll play games with no winning and losing
And NOT Musical Chairs.
When we get there it will not be hot or cold
It will be just right
All the flowers blooming and the sun shining
Somebody will give us bicycles and teach us to ride them
We won't fall or get run over.

Age Now Speaks to Age 7

Come, I have something I want to show you.
Here is a room I built
It is like the Salon where you watched the chandelier sparkle
In the very early morning before anyone else was up
Much larger but there is red wallpaper here, too
A curved wrought-iron balcony
And Mutti's Reinhold piano

They are gone now, but there used to be kittens in this room
Chasing each other over the furniture
I know you're afraid of cats, but you'd have got over that
You'd have liked these kittens, some of them were like
Quick orange flames.
There was a cast party in this room
30 kids sleeping all over the floor
Getting up to dance and going back to sleep
I sat and chaperoned them all night.
Most of what else happened here is too sad and not
        appropriate
To show a child.

32. APRIL FOOL

O yes, married lady
I saw the two of you
With your fingers in each other's lap
Under the table

Years ago when you and I still both had both our parents
And were ourselves already parents of a son and a daughter
Another little girl far away was learning to crawl

But tonight when you are far away
Where is it you are going this time?
He'll be in my bed then

Years passed, and our children, grown now
Were seated around us at our luncheons
And this extra girl began to be there
Explained each year by different explanations
The only person there who seemed to need
Explaining.

O yes, married lady
I saw the two of you
With your fingers in each other's lap
Under the table

Year by year she approached me
Impudence growing in her eyes

But tonight when you are far away
Where is it you are going this time?
He'll be in my bed then.

Who would give credence to such a youngster's fantasy
When you and I for half a century belong to one another?

I was the more deceived

33. BALTIMORE

Refugees newly poor
In a slum on Eutaw Place
So my mother could go to the bathroom
I was called
to drive the cockroaches into hiding.
Mother had a horror of cockroaches
But I pretended that I didn't
With terrible bravado I would turn on the light
Drab squat no-neck
In their thousands they scurried for cover.

Fifty years later now
I was called
Have taken a train back here to Baltimore
Terribly afraid the same bravado

I have been thinking of the time when we were young I saved
        your life
In Rome, do you remember, carried your six-foot frame
Out of the Baths of Caracalla where they were singing Turandot
To bus, hotel, ambulance, hospital,
Paced the terrace of Salvator Mundi, high above
the hills of Rome, the river, the cypress trees
Till Mother Superior came out to me I can see her face now
Please don't worry about your husband

Now back here in Baltimore I have been waiting
All of three hours while a surgeon
This one not an Italian
Cuts into the eye of the apple of my eye.

In this drab waiting room quite a different horror
Another kind of face, a different woman
On the other side of this room
Drab squat no-neck
Sits

The ultimate cockroach

34. AT THE WEDDING OF OUR SON

Down cellar his uncle checked the beams and the foundation
While undulating beneath us
The floor signalled so many dangers
We were held motionless.

But their triumphant friends
Jugglers, whirlers, leapers of affirmation
Stamped and shouted protective circles
About him and his bride,
Shining in joy and beauty the two of them

The foundation held

35. ADAM AND LILITH, ADAM'S EVE

Free and strong they came together
She and Adam, in the sweet cockcrow of youth
Aflame for one another, desirous, admiring
Keepers of one another's soul.

Later the staleness of his blood made a long backwash
Of bitter demons, began to call each demon Lilith
Labeled Lilith the bundle of regret, and rage, and her,
Shot the whole bundle into outer darkness.

"I want someone just like myself to cheer me
Rib of my side, my temperament and nature".
Out of such gossamer he now constructs his Eve
All lightness, all compliance and laughter.

No living woman is a man-imagined Eve or Lilith.
How did she turn into his nightmare or his dream?

36. SPLINTERING

Our son has some triumphant news and when he tells me he
    says
If you talk to Daddy don't tell him, I want to tell him myself
But tell him that he should call me
Right away.

I say mazel tov, mazel tov, no I won't tell
I won't give away your surprise.
And son, by the way, when you tell him
Tell him also that he should call me
So that we can shep naches together and say mazel tov
To each other

Oh Mommy, he says

You can't do that

You can't tell me
        to tell him
            to call you

37. THE CAMEO

What you gave me I sometimes rejected
Failed to visualize you shopping
In all those far, far places
Choosing with trepidation
The cameo or the perfume

I wanted to be there with you
Not recipient merely of tokens.

Yet tokens they were, truly tokens
Of love, of your thoughts in absentia.

O give me a cameo now.
Give me something
Or anything

          You

38. YOU SHOW ME, I SHOW YOU

You bring me your new work
Warm colors — rose, lavender, pale orange
Cheerful animals, my shadow
The pallette not so different, the same hues
But lacking the stark black ground you always painted with me.
The new effect
                    joyful
Then in trepidation I present you
With our new children
The poems grief now wrings from me.
Not all, but many.

Makes you write good, doesn't it, you say.

39. YOU OFFER TO JOT DOWN
A QUOTATION

I watch your fingers produce
So casually, line after line
the handwriting that has jolted my gut
raced my heartbeat
for half a century

You are my volcano, my earthquake
Aftershock upon aftershock rocks me
        when you go

40. WHEN YOU DRIVE AWAY

Sometimes when you drive away
I cry so hard
Deeply, noisily
If ever I could cry like that with you
      you couldn't do it, couldn't

    drive away

41. BROKEN

My mainspring is broken
I try to hold it together with my fingers
Still renew my subscription to THE NEW YORKER
Look at the cover
      not the stories
      or even the jokes

Here is a copy four years old
Dated the weekend you first spoke the word   divorce
It is folded open to the middle of
A long article that I was
            reading

42. JAMAICA

Again, again, again and yet again
And still another time
You go on our vacation without me
Till there arises in my mind the vision
Of you, tiny Jewish boy in Nazi Frankfurt
Diffident, always on tiptoe
And your heroes the tall SS.
Blond, cruel, they laugh at
                    the humiliation of others.

Am I now the laughing stock of strangers
In those far Caribbean places?
Do you amuse them, men and women, with little stories?
How I torture her in bed
How I make her beg and beg

and refuse her

43. MICHAL

If I had another chance

    and I had said instead
    O yes!
    yes yes darling I want you
    sooooooo much!

Would it have made the difference?

Michal the daughter of King Saul
Watched her David dancing
Leaping so wildly his robes flew high
And what was private for her and precious
Opened to the gaze of other women.
She spoke to him disdainfully.

I wonder — was she really attracted
And shy to say so?
Did she really watch his zeal with pleasure?

Once, one time only, she spoke a scornful word
And her husband never touched her again
All of her lonely life.

44. SITUATION

Walking out the door, he tosses advice
Back over his shoulder:
    Don't let people see you're down
    They'll step all over you.
Oh, and — halfway back into the room —
    Also this: people have their own troubles.
    Don't complain about your situation.
    They'll shun you.

In the long moment before the pain cuts in
I have time to gape open-mouthed at the closing door.
Does this man define himself as a situation?

45. DISCARD GUESTS

At weddings and bar mitzvahs they are not seated at that
Widows' table. In their sixties suddenly divorced
They have a table of their own, where two or three
Single men are tossed among them like bait to the sharks.

While their husbands take the younger model to old friends'
        parties
They live alone, go to meetings, talk to every familiar face.
Their eyes stare a little, like the eyes of crash survivors
But they attract no circle of horrified — titillated — listeners.
The still-married back a step away
Retract dinner invitations, offer lunch with the girls.

When they are alone they rehash, over and over,
Those bygone, possible, no-longer-possible conversations
And, perfectly still, watch moving traffic or leaves
To kill off the remaining time.

46. HAIKU

Everyone who loves me
Wants me to be well, contented
And elsewhere.

47. VOLUNTEER

Open rehearsal over, the audience spills
Along the glass enclosure, down shallow, spacious stairs
But I hang back alone.
Everyone is chatting, everyone here is with somebody.
Do I know anybody here? Anybody at all?
And indeed, a face does beckon,
Waiting for me in particular
Beyond the glass partition.

Her pleasant voice asks me a silly question
"Which was your favorite piece this morning?"
I do not think I know this woman.
Why is she wearing a name tag?
Why does her name tag say VOLUNTEER?

I shrink back — she saw!
Everyone can see!
It's on my face in plain sight!

This is all wrong, there has been a mistake, that is my place at
the top of the stairs

I am the one supposed to be the volunteer
The comforter.

48. THE LAST DAY

If this is the last day
The very last
Speeding along the morning New England highway
All around, the glittering foliage is turning faithfully in
To the autumnal equinox
My ears filled with Mendelssohn

I have lived a sunflower,
Inclined and turning always
To love.

Sunflower, frozen countenance turned still to love,
Ears full of Mendelssohn,
Live this one day.
Just this one more
The last one.

49. FRUIT CHESS: PLAYING BY NEW RULES

You are trying to castle
Move yourself into place as one of our sons
Have a mother who is giving as yours was not
Not flirtatious with a son as yours was

I must be freeze dried, reduced
        to a prune.
Though a plum still, juicy with desire,
In the icy isolation
I start to roughen at the edges.
The new plum must be a girl, exactly a girl,
Exactly the age of our children.

But when you castle you cast me
not as Mother
But out into the far corner
Into the position of mistress, reduced
        to prevailing upon friends
Who dial the girl's number, ask for you.

"I've got him right here!" she sings out.

50. THIS NAME

My mother's mother's name was Henny
That means she didn't live to hold me.
But she laid her hands on her daughter's belly
And said
Don't name it for me.
She died, my Mom gave birth,
They named me Henny.

What she had meant to say, they thought, was
May I live to see this child.
Until quite recently, that's just what I thought too. Not now.
Her husband was unfaithful. What she meant —
Don't pass this name, this fate,
To curse another generation.

Her husband was unfaithful. So is mine.
I have instructed each of our children:
Don't jinx more generations.
If you enjoy new offspring when I am dead
Don't name them for me.

PART FOUR

51. AMERICA

You're not so unique, you said in the end, and it was a compliment.
Really that is what it was all about
To be ordinary at last
Have an ordinary house, woman, lawn
A poker game with the boys in the neighborhood
Not have to apologize for a wife who writes
Who uses her own name
Won't move the kids to Texas
Has a stack of her students' blue books in the book case.
Find a woman born after That War, born this side
      of the ocean
Not to be a refugee any more.

52. NOT HOME

In your really American house you have
a little pool where you can swim naked

Grow bamboo you can put on the roof
of our daughter's first succah
and eat there with the ordinary woman

I keep keys to six places
rattle from one to another
Flying always with the illusion
I'm going home.

I turn a key and open a door
On an empty room

I picture your shoulder exactly
in every detail
heavy, rounded, bowed
freckled or starched in white
just right for my head
but not here either

53. I LIVE ON DELTA AIRLINES

Every few days I go home
From New York to Cambridge
or to Washington or to the Berkshire hills
or to Cape Cod —
      Traveling home.

I unlock the door and settle in —
Always there is a glass dining table
Beside a glass door. Outside, a park

But it isn't home after all, you are not there.
A few days later I'm back on Delta
      Traveling home.

54. NOT EDEN

In Eden nobody'd had sex as yet, except some trees
And trees, of course, have sex by mail and phone
That is the way that you and I make love now.
Our voices sing and sparkle at each other
Across the phone line, learning to flirt again.
You've been my man since first I had a man
You taught me, not that Van de Velde book.
Ecstasy I learned from you, passion and surrender.

Trees sparkle in the sunlight
Flutter bending in the wind
Offer strength
Offer shade when needed
Then they are left standing alone.
But, darling of my heart, I'm not a tree

55. MUSICAL HUSBANDS

A predator has waltzed off with my husband
So I'm expected to be
A predator
In turn.
The wives rise up in a phalanx
Putting their husbands behind them.
But me — I am not a predator!
The tango I long to do takes two,
But not any random two
Specifically me and my darling,
Who is waltzing with predators
While the organisers keep on taking away
More chairs.

56. THE TORCH

"Hang in, ride it out," the old woman said
Her manner serene and calm and sage
"They get that way when they start to age."

She was so old, her man long dead
Their bliss had been perfect, everyone said
When he died he had barely begun to age.

This patch of my hair, abruptly turned white
Did her white all come in slowly?
"Hang in, ride it out," the old woman said.

Her eyes seemed to know what I'd just been taught
Her calm had been forged at white heat.
What those eyes had survived I could not gauge.

Had a cut sharper than widow's grief
Healed in her flesh long since?
"Hang in, ride it out," she smiled and said.

Her eyes seemed to know what I'd just come to see.
Did her man seek his youth in a sometime bed?
"Hang in, ride it out," she said to me.
"They get that way when they start to age."

57. SILENT CALLS

When first your time at home was growing scarce
There would be silent phone calls, hang-ups,
The time I was expecting you.
I could not disconnect the line till you were there
You might be calling
But it rattled me so badly
Was meant to rattle me, taint our reunion.

For two whole years I did not tell you
And when I did, you said I was imagining.

You're traveling again now, on your own
And once again when you are far away
Far, both from me and from the hanger-upper
The phone calls come.
Not mine the fear now.
This time, distinctly on the open line
I smell the hanger-upper's silent panic.

58. THE PHILANDERING GENE

Newsflash: it's in their DNA!

No, no, seriously:
Separate research teams in Bethesda and Beer Sheva
Have reported that in males
With elongated dopamine receptors
They find a statistically significant association
With these character traits, called, "novelty seeking":

A restlessness
    The recurring need
        to initiate changes
            move the furniture
                move on

I have seen a mother walking up the aisle alone
Pilloried by the eyes of all beholders
While parading with her husband came a girl
Younger than their daughter the bride.

At the opera I have seen a mother alone in the balcony
The night of her daughter's debut, while down front
Surrounded by her own old friends
Who would party with him later as his guests
    Sat her husband, and by his side
    In her own seat in her own lifetime
The novelty.

Until now these found-wanting wives
Were expected to hide away in shame.

No longer.
The beauty of this fresh fruit of the lab
It exonerates both.
     Not her fault, no disgrace
     But presto, also
Not his fault!
He's got the philanderer's gene, you see —
He carries it in his cells, and it carries him
By his inborn ineluctable nature
He's a novelty seeker.

59. THE PHILANDERER

When years had rolled over King David's head
And he had become an old man
They gave him the virgin Abishag
To warm his feet in the night time.

My love has picked him an Abishag
Sort of a step daughter, age of our kids
He wears jeans, rides a bike to try to keep up
With the youngish crowd she runs with

While I have taken to wearing jeans
To try to keep up with him.
Competing with a girl half our age
Keeps me slimmer, blonder, sharper

And not to put too fine a point on it —
He's aging

60. ON BEING TOLD YOU FAINTED IN THAT GIRL'S HOUSE

Don't leave me any farther than
You have already
This is far enough
No farther than this
No farther —
Now on top of everything else,
Don't **die**, too!

EPILOGUE

61. THE ICE; THE SAILOR

Having come to grief on ice
I should have known
Maybe did know
Was thin

Lacerated knees and thighs too cold to sting
I grope about,
          boost myself up crash in
Watchers on the lakeshore
Placing bets
See the creature fail, over and over
To pull to solid footing
Or else — depending upon their natures —
See her again and again
          refuse to fail.

Friends, occupations, concerts, none bear my weight.
What has held me — so far — is only
My sense of the absurd.
The gallows laughter of Vienna.

Sailors, we are told, refuse
          to learn to swim
For when a ship goes down
          the swimmers will keep swimming
          and suffer longer.
So better not know how

To swim
          To laugh

עפּילאָג

61. דאָס אײַז; דער מאַטראַס

אַזוי ווי ס'איז מיט מיר עפּעס אויף דעם אײַז געשען
האָב איך געדאַרפֿט וויסן
כ'האָב אפֿשר געוווּסט
אַז ס'איז דין געווען

די קני צעריסן די דיכן צו קאַלט אַז זיי זאָלן שטעכן
טאַפּ איך אַהין־אַהער
כ'הייב זיך אונטער טו אַ קראָך אַרײַן
צוקוקער בײַם ברעג טײַך
גייענדיק אין געוועט
זע ווי דאָס באַשעפּעניש פֿאַלט אָבער אַ מאָל און ווידער אַ מאָל
כּדי זיך צו דערשלעפּן אַהינצו ווו מען קען אַ פֿוס אַוועקשטעלן
אָדער – עס ווענדט זיך אין זייערע נאַטורן –
זע ווי זי זאָגט זיך נאָך אַ מאָל
אָפּ פֿון פֿאַלן

פֿרײַנד טועבצן קאָנצערטן קיין זאַך האַלט נישט מײַן וואָג
דאָס וואָס האָט מיך אויפֿגעהאַלטן – ביז אַהער – איז בלויז
מײַן חוש פֿאַר דעם לעבערלעבן
דער תּליה־הומאָר פֿון ווין

מאַטראָסן דערציילט מען אונדז זאָגן זיך אָפּ
פֿון אויסלערנען זיך שווימען
ווײַל ווען אַ שיף גייט אונטער
האַלטן די שווימער אין איין שווימען
און לײַדן לענגער
איז בעסער נישט צו קענען

שווימען
לאַבן

Printed in the United States
69228LVS00002B/1-177

דעם חבֿרה־מאַנס ווײַב

פֿון העני וועןקאַרט

ייִדיש: מינדל רינקעוויטש

דיזײַן פֿון באָריס בודיאַנסקי

ISBN 0-9724565-9-7

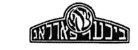

AUS MEINEN GROSSEN SCHMERZEN
MACH ICH DIE KLEINEN LIEDER

פֿון מײַן גרויסן ווייטיק
מאַך איך די קליינע לידער
– הײַנריך הײַנע

דער דאָזיקער ציקל לידער איז פֿאַר מײַן געליבטן מאַן
ווען נישט ער, וואָלטן זיי נישט געשאַפֿן געוואָרן

וועגן דער איבערזעצערין

מינדל רינקעוויטש (מיידלשער נאָמען טייטלבוים) איז געבוירן געוואָרן אין ניו־יאָרק. אַ גאַנץ לעבן שרײַבט זי ייִדישע און ענגלישע פּאָעזיע. זי האָט געלערנט אין די לאָקאַלע ייִדישע שולן און האָט שטודירט סלאַווישע שפּראַכן אין קאָלאָמביע־אוניווערסיטעט, ווּ זי האָט גענומען איבערזעצן פּאָעזיע פֿון פּויליש, רוסיש און ייִדיש. צווישן אירע איבערזעצונגען געפֿינען זיך לידער פֿון (פּויליש) טשעסלאַוו מילאָש, אַדאַם מיצקעוויטש, מאַריאַ פּאַווליקאָווסקאַ־יאַסנאָזשעווסקאַ, לעאָפּאָלד סטאַף, יוליאַן טוּווים; (רוסיש) בעלאַ אַכמאַדולינאַ ,אַננאַ אַכמאַטאָוואַ, קאָנסטאַנטין סימאָנאָוו; און (ייִדיש) רחל פֿישמאַן, גבֿריאל פּרײַל, ביילע גאָטעסמאַן, משה שטיינגאַרט און רייזל זשיכלינסקי. זי איז די מחברין פֿון דרײַ ביכער פּאָעזיע:

The White Beyond the Forest (Cross-Cultural Communications, 1992)
The Sweet Kid from Warsaw (Jewish Women's Resource Center, 1997)
and Soviet Souvenirs (Cross-Cultural Communications, 1999)

זי איז די מאַמע פֿון צוויי טעכטער, רינאַ און דזשינאַ. זי וווינט אין מאַנהעטן און אַרבעט ווי אַ לעגאַלע איבערזעצערין.

אינהאַלט

דריטער טייל

פֿערטער טייל

עפּילאָג

קיצור

זי איז אַ ייִדיש מיידעלע וואָס לעבט אין זיכערקייט, אַן אַדוואָקאַטס אַ טאָכטער אין פֿראַנקפֿורט – אַ שטאָט פֿול מיט פּאַלאַצן, פּאַרקן און מוזיק.

ער איז אַ ייִנגעלע אין נאַציִשן פֿראַנקפֿאָרט ווו מען נעמט דאַן שוין שלאָגן אַזוינע ייִנגלעך ווי ער און אַלע קליינע ייִנגלעך אַפֿילו די ייִדישע באַוווּנדערן די הויכע אין שוואַרץ געקליידט סס־לײַט.

ביידע משפּחות קומען קיין אַמעריקע ווו זיי זײַנען אין אָנפֿאַנג זייער אָרעם. דאָס ייִנגל און דאָס מיידל וואַקסן אויף קעגנענדיק זיך און שפּעטער אין קאַלדזש פֿאַרליבן זיי זיך אָבער דײַטשע ייִדן האָבן נישט ליב ייִדן פֿון ווין. ער דאַרף זיך מיט איר נישט טרעפֿן שוין אָפּגערעדט פֿון חתונה האָבן מיט איר.

טאָ אַנטלויפֿן זיי: זיי האָבן זיך ליב, אַרבעטן שווער באַשענקען זייערע עלטערן מיט אייניקלעך, זײַנען זיך געטרײַ און אין משך פֿון אַ לאַנגער צײַט זעט עס אויס אַז אַלץ איז ווי עס דאַרף צו זײַן.

זײַן טאַטע האָט אים שטענדיק געלערנט אַז פֿאַר ריכטיקע מענער איז איין פֿרוי וויייניק. דאָס יונג פּאָרל האַלט אַז דאָס איז אַ נאַרישקייט – ווייניקסטנס מיינט זי אַז אַזוי האַלטן זיי ביידע.

זייער ביסלעכווײַז נעמט זי שפּירן אַז עפּעס איז נישט ווי עס דאַרף צו זײַן נאָכער וו אָ ס איז דאָס דאַן וו ע ר איז דאָס. הײַנטיקע צײַטן שטאַרבן נישט די ערשטע ווײַבער יונגערהייט אַזוי ווי עס פֿלעגט זײַן מיט יאָרהונדערטער פֿריִער. זיי לעבן און אַ מאָל וואַרפֿט מען זיי אַוועק און אויף זייער אָרט נעמט מען „צוקערקעס אויפֿן אָרעם” – און זיי נישט די צוקערקעס און נישט דער מאַן דאַרפֿן זיך שעמען.

די דאָזיקע לידער אַנטוויקלען דעם מוט און דעם שׂכל זיך אָפּצוזאָגן פֿון דער ראָל.

פּראָלאָג

1. קרישקעס

דאָ אַ מינוט דאָרט אַ האַלבע שעה
אונדזערע פֿרײַנט ווערן אויסער זיך ווען איך דערלויב דיך
מיך צו קאָרמענען מיט קרישקעס

נאָר איך וואָלט איצט געגעסן אָט די קרישקעס פֿון דײַן הוילער האַנט
אָדער פֿון ראַנד פֿון דײַן גראָבן פֿוסנאָגל

דו טוסט אַ קום אַרײַן צו מיר אין צימער אַ בילשטשענדיקער
אָנגעטאָן אין געל ווי די זון
ווערט בײַ מיר לעבעדיק די טראַכט
פונקט ווי עס האָט פֿאַר דיר געציטערט און געשפּרונגען
העכער פּופּציק יאָר

מײַנע פֿרײַנט טוט ווייַ פֿאַר מיר
צוזעענדיק ווי די צערודערונג אין מײַן קערפּער
טרײַבט מיך אָן אויפֿהער
פֿון אָרט צו אָרט

אוי פֿרײַנט פֿאַרשטייט מיך –
אָט דאָס איז מיר פֿאַרבליבן
איך האָב געהאַט דעם גאַנצן לאַבן דאָ אין מײַנע אָרעמס
און איך האָב דאָס פֿאַרשוווענדט

ערשטער טייל

2. די סעזאָנען פֿון האַקנקרייץ

דעם ערשטן סעזאָן פֿון האַקנקרייץ
בין איך אַלט געווען פֿיר יאָר

קליינע עראָפּלאַנען מיט צוויי פּאָר פֿליגל זײַנען איבער ווין געפֿלויגן
און פֿון זיי
האָבן קליינע פּאַפּירענע האַקנקרייצער אין פֿאַרשידענע קאָלירן
אַראָפּגעפֿלאַטערט ווי אין בליסעזאָן די קרוינבלעטלעך

כ'האָב אָנגעשטאָפּט די קעשענעס מיט בלויע ראָזע אָראַנזשענע
קרוינבלעטלעך מיט דינע ווינקלען
געפּרוּווט אָנשטאָפּן דעם גאַנצן גלאָרײַכן טעפּעך פֿון פּאַפּירענע
קרוינבלעטלעך
פֿון טראַטואַר אין אַלע קעשענעס אַרײַן

ס'איז געווען אַן עבֿירה דאָס איז מיר קלאָר
געוואָרן ווי באַלד איך בין אַהיימגעקומען
מיטסי האָט געלאַכט נאָר איר געלעכטער איז געווען ניט ווי
עס דאַרף צו זײַן
און די מאַמע האָט מיך געשאָקלט אויף מיטסין געשריגן!
מיך אויפֿגעהויבן און מיך געשאָקלט

דאָס צווייטע מאָל ווען אָט די קרוינבלעטלעך האָבן זיך באַוויזן
האָב איך זיך צו קיין איינע פֿון זיי נישט צוגערירט
איך בין אַלט געווען צען יאָר
און איך האָב זיך צו זיי נישט צוגערירט

אין דער צײַט פֿון ערשטן סעזאָן פֿון האַקנקרייץ
האָט דער טאַטע געהאַט אַן אַדוואָקאַטס פּאַס פֿאַר דער
אינעווייניקסטער שטאָט
מיר האָבן געקענט מאַכן אונדזער זונטיקדיקן אויספֿלוג צום
גאָרטן פֿון פּאַלאַץ
פּאַפּאַ האָט געהאַט אַ פּאַס

יונגע זעלנער אין פֿאָרלעך האָבן אונדז דורכגעלאָזט
מיט דעם פּאַס איז בלויז דער פּאַלאַץ אַליין געווען פֿאַרווערט
פֿאָרט האָב איך זיך געוואָרפֿן צוליב דעם גזימס אויף דער וואַנט
פֿון דעם פּאַלאַץ ווו איך פֿלעג קריכן
און רויִק מיט די שײַנענדיקע האָר מיט דעם שײַנענדיקן שמייכל
איז פּאַפּאַ צו דעם סערזשאַנט צוגעגאַנגען: „איר האָט אַ קליין קינד?
וואָס קען איך טאָן?
זי קריכט דאָ שטענדיק
דעם ערשטן האַנקרייץ סעזאָן האָב איך אויסגעפֿירט

דאָס צווייטע מאָל האָבן זיי
בלוט רויט און שוואַרץ געבליט
אַראָפּ פֿון די געבײַדעס
אויף די אָרעמס פֿון מענטשן
הויך אויף די קלויסטער־טורעמס אַנטקעגן הימל
איך האָב זיך צו זיי נישט צוגערירט

3. דאָס זיבערע הויז

דעם צענטן נאָוועמבער
דעם טאָג וואָס ז י י רופֿן קריסטאַלנאַכט
דאַן איז מאַמעלע געווען די העלדין
מאַמעלע איז געווען די העלדין

„מיר פֿאַרזיגלען דירות
שנעלער שנעלער מיט דעם פּאַקן
איר מוזט אַרויס בלויז געציילטע זאַכן
שנעלער מיר האָבן אַרבעט!"
זי האָט אַ שאָקל געטאָן דעם קאָפּ אויף יאָ אין קעלער
אַראָפּגעלאָפֿן
אַרויף צו בוידעם מיט דער ווינדע
אַ וואַליזקע אײַנגעפּאַקט און ווידער אויסגעפּאַקט
זיך מיט אַ קאָמפּרעס דעם האַלדז אַרומגעוויקלט

אין אַ פּידזשאַמע אין איר שלאָפֿראָק
האָט זי זיי פֿאַרהאַלטן פֿאַרהאַלטן מיט איר פּאַקן
זיבן שעה געפּאַקט און אויסגעפּאַקט
„יאָ יאָ יאָ דעם פּיצעלעס זאַכן
איר זעט סערדזשאַנט די אַלטע פֿרוי –
און מײַן מאַן – איצט דאַרף ער שוין צוריקקומען –
די דינסט איז אַוועק אויך – אַזאַ פֿאַרדרייעניש –
איך וועל אַליין אַראָפּ אין קעלער
נאָך איין וואַליזקע און פֿאַרטיק
יאָ איך וועל זיך אײַלן איך וו ע ל זיך אײַלן"

ביז דער סטראָזש איז אונדז געקומען זאָגן
אַז ס'איז אַריבער דער „אַקציאָן" איז אַריבער
אונדזערע פֿון אונטן האָט מען אויסגעשלאָסן
די פֿון אויבן האָט מאַמעלע געראַטעוועט

גאָט האָט זי יענע נאַכט געלאַכט מיט פֿינקלענדיקע אויגן
זיך אָנגעטאָן אָנגעקאָרמעט די פֿרויען
וואָס זײַנען צו אונדז נאָך א מקום־מיקלט געקומען
צו אונדזער זיכער הויז
פֿון מאַמעלען געראַטעוועט

4. אַפּריל

ס'איז אַפּריל

נאַכט

אַ טעראַס הויך איבערן האָדסאָן

זי אַלט זיבעצן
הייבט אויף דאָס פּנים צו אַ שפּריץ צוויט
אונטער דעם גאַס לאָמפּ
פֿאַרכאַפּט פֿון זייער זיסקייט

נאָר אויך ווייסנדיק ווי זיס
דער אויסבייג און די לענג פֿון איר שלאַנקן
האַלדז וואַרפֿן דאַס ליכט אָפּ

ער אַלט צוואָנציק פֿאַרקוקט זיך

ציטערנדיק

און

כאַפּט אָפּ דעם אָטעם

5. אַ ליבע פּאָעמע לויט אָגדען נעש

די ערד איז פֿול מיט פּראַכט פֿון דער פּרוכטבאַרקייט
וואָס גיט אַרויס פֿון זיך פּרות פֿון פֿעסטער
שלענגלדיקער אָדער ליבלעכער רונדקייט

נישט איין וואַלפֿיש וואָס שפּילט זיך אין די ריזיקע
אָקעאַנען
פלאָדיעט טשאַטשקעס פֿון וואַלפֿישביין אָדער
מעגלעך שטיצמיטלען פֿאַר קאָרסעטן

שמעקנדיקע ליליען נעמען אויף האָניק־בינען אויף
זייערע פּילקאָלירטע ליפּן
בעת רויזן ברענגען אונדז יאַפּאַנעזישע דזשוקעס
און אויך קליינע האַרטע פּרוכטן וואָס מען קען זיי קאָכן

פֿאַראַן אַ פֿיש אַ זכר וואָס פּאַסט אויף אויף זײַן
קליינוואַרג אין מויל זיי האַלטנדיק
און אַ פּאַפּאַ שוואַלב קומט שטענדיק פֿון דרום מיט
דער זעלבער מאַמע שוואַלב צוריק

קוקאַוועקעס וואַרפֿן זייערע יונגע אָן אויף קעסטפֿויגל
וואָס זײַנען גענוג אַרבעטזאַם און שוואַך

אַמאַזאָנער בוים־זשאַבעס לייגן זייערע אייער אויף
ריזיקע בלעטער אין דער הויך
אין גאַנצן זיכער סײַדן עס מאַכט זיך דאָרט אַ לאָך

בײַ הייצרויזן צעלאָזן זיך קנאָספּן מיט סעקס אָדער אָן דעם
נאָר טייל ציקאַדעס וואַרטן זיבעצן יאָר אונטער
דרערד כּדי זיך גוט אויסצוּוואַלגערן איין איינציק מאָל
דאַן שטאַרבן זיי בײַם אַרויסקומען אין עקסטאַז

און בײַ מײַן באַליבטן עקזעמפּלאַר פֿון אונדזער מין
וואַקסן רויטע האָר אַרום דעם גליד

6. מאַכנדיק אַ חתונה־פּליטה קיין פּאָרטסמאַוט

דו זעסט אויס גוט האָט דער פּאָליציאַנט מיט דעם
רונדיקן פּנים געשמייכלט
איך אין מײַן פֿרישער נײַער בלוזקע פֿון ווײַסע
שפּיצן
דו ביסט געווען פֿאַרגאַפֿט פֿון די ווײַסע שפּיצןביידע
זײַנען מיר פֿון דעם געבליבן אָן אַן
אָטעם
און יעדע איינצלהייט פֿון יענעם טאָג מער אינטענסיוו
ניט אויסצומעקן

פֿון דעם טשאַרלס טײַך ווו איין אָוונט בײַ זון־
אונטערגאַנג אויף דעם בריק פֿאַר גייער
האָסטו צום ערשטן מאָל באַגריפֿן אַז דו האָסט מיך
ליב
מיר זײַנען געפֿאָרן אויף צפֿון צו אַ הויכער
בריק איבערן טײַך פּיסקאַטאַקואַ
דאָרט ווו עס פֿירט פֿאַרבײַ סי ווײַ אינדזל און געריש
אינדזל
דאַן פֿליסט עס אין דעם אײַנגאָס פֿון מיין אַרײַן

דאָס ביליקע רינגל האָבן מיר אַרײַנגעוואָרפֿן אין
וואַסער אונטן ווײַט
פֿון איצט אָן איז אַלץ געווען ערנסט די ריכטיקע
זאַך

דער שמייכלענדיקער פּאָליציאַנט האָט אונדז דעם
וועג געוויזן
צו אַמעריגאָ בעלוטשי וואָס האָט אונדזערע נדרים
אויסגעהערט
וועסט זי ליב האָבן און טײַער האַלטן צי עס וועט
גיין בעסער אָדער ערגער
אַלע אַנדערע פֿאַרלאָזנדיק זײַן בלויז מיט איר
ווי לאַנג איר וועט ביידע לעבן?
יאָ האָסטו געזאָגט
יאָ כ'וועל טאָן אַזוי

7. יבֿנה

ווען ירושלים האָט געהאַלטן אין פֿאַלן
האָט יונתן בן זכּאַי
אַרויסגעפֿירט די תּורה פֿון דער שטאָט
קיין יבֿנה
עס זאָל דאָרט קענען לעבן וואַקסן אונדז ווײַטער פֿירן
ווו נאָר מיר זאָלן נישט זײַן צעוואָרפֿן
מיט אַ מיליאָן שטימעס מעלדנדיק
מיר זײַנען דאָ

בײַ אַ גאַנצער לבֿנה אין איינעם אַן אָוונט
ערשט חתונה געהאַטע אויף אונדזער ערשטער רײַזע קיין ישׂראל
האָבן מיר קיבוץ יבֿנה מיט זײַן הינערפֿאַרם באַזוכט
די הינער זײַנען אין די הינערשטאַלן געשלאָפֿן
נאָר טויזנט ווײַסע הענער
זײַנען אויף הויכע סידעלעך סלופּעס פּלויטן אײַנגעשלאָפֿן
אין ליכט פֿון אַ גאַנצער לבֿנה

איך האָב געקרייט!
איך האָב אַזוי איבערצײַגנדיק געקרייט אַז
איך האָב די טויזנט ווײַסע הענער פֿון יבֿנה אויפֿגעוועקט
דערפֿירט צו דעם אַז זיי זאָלן זיך
אין ליכט פֿון אַ גאַנצער לבֿנה צעקרייען

8. וואָס מאַכסטו טאַטעלע

דאָס איז געווען די בעסטע צײַט ווען דער טעסט
איז צוריקגעקומען מיט אַ   ִי אָ
און איך האָב זיך ניט געקענט דערוואַרטן ביז דו
וועסט אַהיימקומען דיר צו זאָגן
נאָר כ'האָב צו דיר אָנגעקלונגען בײַ דער אַרבעט און
דיר געזאָגט „וואָס מאַכסטו 'טאַטעלע'"

„מײַן וווּנדערלעכע טײַערע" האָסטו אויף אַ פּאָסטקאַרטל
געשריבן
איך פֿיל זיך אַזוי דערדרוקט וואָס איך מוז
זײַן ווײַט פֿון דיר
אַ גאַנצע נאַכט אין דעם מאָטעל
פּאַס גוט אויף אויף זיך און יונה דבֿורה

מיר זײַנען געגאַנגען זאָגן אונדזערע עלטערן מײַן
טאַטע האָט דעם טעלעפֿאָן גענומען
צו זײַן ברודער אָנגעקלונגען: כ'האָב דיר עפּעס צו
דערציילן
העני דערוואַרט אַ קינד יאָ אָט קומט אַ נײַער דור
דײַן טאַטע האָט די גלעזער אָנגעגאָסן, דערלאַנגט דיר איינס

דו מוזסט מאַכן אַ טאָסט פֿאַר דײַן ווײַב
אונטערשפּרינגענדיק אויף איין פֿוס האָסטו שטראַלנדיק
אויפֿגעהויבן דעם ווײַן
און געקרייט
איך האָב דאָס באַוויזן! איך האָב דאָס באַוויזן!

9. דאָס געבערן

איך האָב געענדערט מײַן באַשלוס –
נישט גרייט
קיינער האָט מיר נישט געזאָגט – מאַמעלע האָט דאָס
גענוזט וויסן!
יעדער זאָגט אַז עס טוט ווײ
דאָס הייסט נישט אַז עס טוט אַזוי ווײ
קיין זאַך קען אַזוי נישט ווײ טאָן

אַזוי וועט עס זײַן
ווען דער טויט וועט קומען
אַ שמידהאַמער ריסזעג זעצן
רײַסן
איין מאָל און נאָך אַ מאָל
און איך איינע אַליין

פּונקט ווי אַצינד וועל איך ענדערן מײַן באַשלוס
און עס וועט נישט העלפֿן!
נישט גרייט!
נישט גרייט!

10. דער עקליפּס אויף נענטאָקעט

וועןדאָס ייִנגסטע קינד אונדזערס איז אַלט
גערוען דרײַ יאָר
זײַנען מיר אַלע צום אַינדזל נענטאָקעט
אַרויסגעפֿלויגן
צו זען דעם טאָטאַלן עקליפּס פֿון דער זון
די אַערליניע האָט עקסטראַ אַעראָפּלאַנען צוגעשטעלט
אַזוי ווײַט ווי דער ים־ברעג פֿון אַטלאַנטיק האָט
זיך געצויגן
די האַרלעם־גלאָבטראָטערס האָבן זיך אויף אונדזער
פֿלי געפֿונען

אויף אַ ווינטיקער פּלאַזשע אין אונדזערע ווינטער
פּאַרקאָס
האָבן מיר וואַרטנדיק אַ פֿוסבאָל הין און צוריק
געוואָרפֿן
אַנדערע משפּחות האָבן טעלעסקאָפּן אויפֿגעשטעלט
די שאַכטעלעך מיט שפּילקע־לעכער אַליין געמאַכטע
מיר האָבן בלויז אַ פֿילם מיט טאָפּלטן באַלײַכט
מיטגעבראַכט
צו קוקן גלײַך אויף דער זון אין איר עקליפּס

באַלד האָט אַ זונאויפֿגאַנג
צו אַ זון־אונטערגאַנג גענומען גליִען
אַרום און אַרום דעם האָריזאָנט
די פֿייגל האָבן אויפֿגעהערט צו זינגען גענומען אַרומפֿליִען אין קרײַזן
אין די שטומע זאַמדן האָבן זיך הינט נערוועז געדרייט

דורך אונדזער פֿאַרטונקלטן טאָפּעלן פֿילם
האָט די לבֿנה ביסן ווי הוסט־צוקערלעך פֿון דער
זון אָנגעהויבן נעמען
בעת גאָר הויך צום נענסטן צו דער זון
ווו דער הימל איז צום טונקלסטן געווען
האָבן גענומען פֿינקלען שטערן

אַ מאָדנער האַלבטונקל העלער בײַ די ראַנדן
האָט אונדז העכער אַ מינוט באַשאָטנט

פֿון דער פֿאַרשוואַרצטער זון האָט פֿײַער געגליט אין רוים
אַרײַן

ענדלעך האָט זיך אַ דין פּיצעלע רעמל פֿון גאָלד
באַוויזן

דאַן האָבן מיר געזאָגט צו אונדזערע קליינע קינדער
דאָס נעקסטע מאָל וואָס איר וועט זען ווי די לבֿנה
טוט אַזוי דער זון
וועט איר זײַן אַלטע באָבע־זיידע
און איר וועט זאָגן אײַערע קינדערס קינדער:
„די לעצטע טאָטאַלע זונעקליפּס איז פֿאָרגעקומען ווען
איך בין געווען אין אײַער עלטער
האָבן אונדז די עלטערן צום אינדזל נענטאָקעט
גענומען"

11. עלעגיע פֿאַר מײַן טאַטן

און איצטער איז דער ווייטיק שוין אַריבער?
איך באַוויין דיך נאָך פֿון צײַט צו צײַט
נאָר אין מײַן קידוש אין דײַן אָנדענק איז געוועזן אַ
פֿײַערונג־געפֿיל
דײַן חבֿר צום נאָמען

דו ביסט געוועזן אַ יונגער טאַטע
ווען דו האָסט דײַן טאַטן פֿאַרלוירן
איך געדענק דעם פֿאַרמוטשעטן צער פֿון דײַן טרויער

אַ סך שפּעטער
ווען דײַן מאַמע איז געשטאָרבן און
דאָס שרעקלעכע טרויערן האָט זיך ווידער ניט באַוויזן
האָב איך דיך וועגן דעם געפֿרעגט און דו האָסט געזאָגט
„איך האָב דאָס בוך נאָך ניט פֿאַרמאַכט"

אַצינד אַז דער ווייטיק איז שוין אַריבער
טראַכט איך אַז דאָס איז אפֿשר דערפֿאַר וואָס

איך נעם ערשט עפֿענען דאָס בוך

12. באַדעקן

װעמענס שמייכל איז דאָס?
זיצנדיק צװישן אירע פֿרויען –
אירע באַגלייטערינס געקליידט אין העלערע און טונקעלערע
בלויען
איר מאַמע זײַן מאַמע
מײַן טאָכטער קוקט מיט איר שטראַלנדיק פּנים צו איר
געליבטן
(דאָס פּיצל זינגט „װער קען געפֿינען אַן אשת חיל?")
אין מאָמענט װען ער קומט אָן נאָך אים זײַן טאַטע איר
טאַטע
אירע ברידער זײַנע ברידער
נאָר װעמענס שמייכל איז דאָס אויף איר פּנים?

דאָס איז דער שמייכל פֿון זייערע פּריוואַטע שעהען
ער װערט פֿון דעם נישט איבערראַשט

עס מאַכט פֿון איר פּנים
נישט איר פּנים װי איך קען זי
אַ ביסל איז דאָס װי מײַן מאַמעס שמייכל
נאָר נישט זייער
דאָס איז
מײַן טאָכטערס שמייכל װען זי איז די פֿרוי פֿון איר מאַן
עס שיקט זיך װאָס איך קען דאָס נישט

ער דעקט צו איר פּנים מיט דעם שלייער

13. האַרצקלאַפּ

די גאַנצע צײַט וואָס האָט זיך אַזוי לאַנג געצויגן
בעת מײַן מיידעלע
האָט דיך אין זיך געטראָגן
האָסטו בײַ מיר געהייסן ה״ק
פֿאַר האַרצקלאַפּעניש

דאָס איז אַלץ וואָס מען האָט געקענט זען
אויף דעם ערשטן סאָנאָגראַם
פֿון דיר

אוי מײַן האַרצקלאַפּ
מײַן דעני
פֿאָר וואָס האָב איך געמיינט אַז איך וועל זײַן
ווי יעדער איינער
ווען איך בין דאָס פֿרִיער קיין מאָל נישט געווען?
נאָר זיי האָבן געזאָגט
זיי האָבן געהאַלטן אין איין זאָגן
וואַרט! נישטאָ נאָך אַזאַ תּענוג!
בלויז אַ קוק צו טאָן אויף דײַן אייניקל
אין שפּיטאָל אונטער דעם גלאָז

דאַן אין משך פֿון דעם גאַנצן לאַנגן טאָג
בעת דו און זי
האָבן געהאָרעוועט זיך איינס פֿון אַנדערן אויסצופּלאָנטערן
האָב איך אַראַנזשירט די פֿאָטאָגראַפֿיעס פֿון איר
ווען זי איז געווען אַ פּיצל
אין אַן אַלבאָם
און איך האָב געוויינט
געוואַרט געפֿילט ווי דער קאָפּ וואַרפֿט זיך אַנטקעגן
ביין דעני
ווי די אויערן צעברעקלען זיך

ס'איז געווען שבת און דײַנע פֿעטערס בײַם טיש
ווואַרטנדיק
האָבן געמאַכט אַ ספּעציעלע ברכה פֿאַר דעם
בכור בישׂראל
און אַ צווייטע פֿאַר די אין יסורים

אויפֿן צווייטן מאָרגן אָט איז זי געווען
מײַן מיידעלע
צעשלאָגן אויסגעמאַטערט בלאַס – און מען האָט
בײַ מיר געפֿרעגט
האָסט אים געזען?
האָסט אַ קוק געטאָן?

נאָר איך בין געקומען זען מײַן פּיצעלע
פֿריִער האָט זי זיך געדאַרפֿט פֿאַרהיילן
פֿריִער האָב איך געדאַרפֿט זען ווי זי זויגט דיך
און ווערט דײַן וועלט
זען ווי דו דאַרשטסט נאָך איר מיט דײַנע אויגן

אַ משונה מאָדנע פֿרייד
איך קען די זאַך פֿון פֿריִער
נאָר הײַנט זויגט זי דאָס קינדעלע נישט איך

ווײַטער הייבט זיך עס נישט אָן די איבעריקע
נאַרישקייטן
וואָס אַלע האָבן מיר דערציילט
מען זאָרגט זיך נישט ווייניקער
דאָס זאָרגן זיך וועגן אַזאַ פּיצעלע
אַזאַ הילפֿלאָזער
איז רירנדיק פֿאַרמערט פֿון פֿריִער
געקענטן זאָרג
נישט איך נאָר אָט די יונגע עלטערן
אין זייער אומדערפֿאַרנהייט
וועלן שטענדיק אַלץ באַשליסן

נאָר אַצינד זײַנען צום צווייטן מאָל נײַן לאַנגע
מאָנאַטן שוין פֿאַרבײַ
און איצט איז ענדלעך אונדזער צײַט געקומען
האַרצקלאַפּ דעני

דײַנע אויגן צעשמייכלען זיך פֿאַר מיר אַצינד
מיר וואַרטשען איינס צו אַנדערן מיט אַ ספּעציעלן
וואָרטש
און פּונקט ווי איך האָב זיך פֿאַרליבט
איינס נאָך איינס
טיף און אויף אייביק
אין מײַנע פּיצעלעך
(זיי זײַנען געווען דײַנע פֿעטערס און דײַן מאַמע)
אַצינד מײַן דעני האַרצקלאַפּ
אַצינד איז דײַן ריי געקומען

14. מײַן יונגע מאַמע – דײַן יאָר פֿון טרויער

אין האַרבסט פֿון דעם יאָר ווען דײַן מאַמע איז
געשטאָרבן
פֿאַלן די בלעטער אַנדערש
דער ווינטער איז זייער קאַלט

דער פֿרילינג קומט
דער פֿרילינג פֿון דעם יאָר ווען דײַן מאַמע
איז געשטאָרבן
די בלומען ווײַזן טרויעריק זייערע קנאָספּן
און אין דעם טרויער אַרײַן ווער איך דײַן מיידעלע
געבוירן

זומער בליט און זומער איז געשטאָרבן
דו שטעלסט דעם שטיין איר צום אָנדענק

ווען דער האַרבסט פֿון יענעם יאָר באַווײַזט זיך ווידער
איז דאָס שוין דער האַרבסט פֿון נעקסטן יאָר
אין אָט דעם יאָר טרעטסטו אַרײַן

אַליין

אין דעם יאָר בלײַבט דײַן מאַמע הינטער דיר
און דו גייסט ווײַטער אָן איר

אַרײַן אין אַלע יאָרן

15. קניידלעך

מײַן מאַמעס קניידלעך זײַנען געווען פּוכנע לויז
אָן אַ געשטאַלט ווי דאָס בלאַסע געלע גריסנאָקערל
פֿון ווין
בלויז אייער שמאַלץ וואַסער זאַלץ און מצה־מעל
דאָס שיטערטייג אַ ביסל ווייך: ביז פֿעסטקייט צוגעקילט
דאַן שנעל אונטערגעזידט.

די מחותּנים – דײַטשע ייִדן. דאָ גיט מען אויף
די פּסח־טעלער
פֿולקום קליינע אין פֿאָרויס געבאַקענע ספֿערעס
אַן אָנצוהערעניש פֿון מושקאַט.
די קניידלעך זײַנען געדיכטע האַרטע און זיי זײַנען
גאָרניט מוחל.

16. קריעה

זאָל איך די קריעה אָנטאָן?

דאָס צעפּליקט שוואַרץ בענדל אויף אַ שוואַרצן קנאָפּ
לוויה־זאַל זאַקלייוונט
וואָס מען גיט דיר בײַם קבֿר
„גיי אין דעם דרײַסיק טעג" זאָגט דער רבֿ
דו טוסט עס אָן
און זיי שנײַדן אין דעם אײַן
דיר צו ווײַזן
אַז דו ביסט אַ
טרויערער

אויף דיר אָנצוטאָן דעם בראַנד פֿון אַ טרויערער
זאָל איך דאָס אָנטאָן – אויסשטעלן – די שמאַטע פֿאַר מײַן מאַמען
וואָס האָט אַכצן יאָר געהאַלטן אין שטאַרבן?

און בין איך באַרעכטיקט אַפֿילו
דערוועג איך זיך צו גיין אין דעם, איך וואָס כ'בין אין איר טויט פֿאַרמישט
פֿאַרמישט אין אופֿן אויף וועלכן זי האָט געדאַרפֿט שטאַרבן?

ווען זי האָט שוין דערפֿילט אַז זי האַלט בײַם סוף
האָט זי געפּרוווט מיט ווירדע שטאַרבן
און איך
בין געווען אַ פֿאַרשווערטע
פֿון די וואָס האָבן זי געצוווּנגען ווײַטער ציִען יאָרן לאַנג
בעת ס'איז פֿון איר געוואָרן ווייניקער
און ווייניקער
און ווייניקער –
דערוועג איך זיך אָנצוטאָן אַ קריעה?

איך באַשליס דאָס אָנצוטאָן
ניט אין מײַן זכות
נאָר אין אירן
און בעת עס גיין די דרײַסיק טעג אַ טאָג נאָך אַ
טאָג פֿאַרבײַ
איז דאָס מײַן מזל צו גיין אין דעם צווישן מענטשן
וואָס פֿאַרשטייען
„וואָס איז געשען?" פֿרעגן זיי
„מײַן מאַמע איז געשטאָרבן"
„אוי עס טוט מיר לייד זאָלסט געטרייסט ווערן צווישן
די טרויערער פֿון ציון
און ירושלים"

און אָט דערפֿאַר
טו איך אַ יִידישע טעאַטער די קריעה אָן
אין איר זכות ניט אין מײַנעם
און כּדי אַנדערע זאָלן האָבן די מיצווה פֿון טרייסטן די אַבֿלים

זאָלסט געטרייסט ווערן צווישן די – אַרומגערינגלט
פֿון די טרויערער פֿון ציון און ירושלים

זאָלסט געטרייסט ווערן

17. עצות פֿאַר קויפֿערינס

פֿריש איז בעסער ווי געפֿרוירן
ווײַסט הערן אַז געפֿרוירן איז אַ סך לײַכטער
פֿאַרויסצוזען אין קאָנטראָלירן
נאָר הער מײַן עצה מיט פֿריש דאַרף דאָס געטאָן
ווערן

הײַנט אָוונט רעדן זיי נישט
וועגן גאָרטנוואַרג צו געבן עסן זייערע קינדער
נאָר וועגן זריעה

אויף צו מאַכן קינדער

אָ יאָ אַלץ ווילן זיי דער חילוק איז נאָר –
זיי זײַנען גרייט אַליין דאָס צו באַווײַזן
טאָמער מוזן זיי
אַליין

אפֿשר איז דאָס פֿאָרט נישט אַזוי אַנדערש
אפֿשר איז דאָס קיין מאָל ניט אַזוי געגאַנגען אין
אײַנקויפֿן נאָר אין דער געזעלשאַפֿט
וואָס פֿרויען באַשענקען איינע דער אַנדערער
וואָס זיי זאָלן ניט זײַן געצווּנגען צו טאָן

דאָס זײַנען ייִדישע פֿרויען וואָס ווילן ניט
שטאַרבן אָן קינדער
„זאָלסט דערלעבן דײַנע קינדס קינדער" זאָגט
די ברכה

נאָר די פֿראַגעס זייערע!
וואָס פֿאַר אַן אָרט וועט מײַן קינד פֿאַרנעמען פֿון
שטאַנדפּונקט פֿון הלכה?
זײַנע ברירות?
(אַבטעקסט: וועלן דאָס שווער און שוויגער אָפּוואַרפֿן?)

ווי דערציילט מען איר – די קאַפּריזן פֿון ייִדישע
שווער און שוויגערס
וואָס שטויסן אַזוי פֿעסט אָפּ דאָס פֿליכטלינג
מיידל פֿון אייראָפּע
אַ ייִדישע יאָ מען קאָן אָבער ניט אויספֿאָרשן
פֿון וועמען זי קומט אַרויס
אַזוי גיך און גרייט זי אָנצונעמען
ווען ס׳איז געלט פֿאַראַן

די פֿראַגעס!
אַליין דערציִענדיק אַ קינד וויפֿל וועט יעדעס מאָל
די קינדהיטערין קאָסטן?
ווי דערציילט מען איר – צוויי דורות פֿרויען האָבן
זייער קינד אַליין דערצויגן
צו וואָס דען האָבן זיי געדאַרפֿט אין יענע פֿאָרשטעט
דעם נאַרקאָטיק פֿון זייערע טעגלעכע
קאַפּעקלאַטשן
זייערע עצות וועגן אײַנקויפֿן?

וואָס טו איך דאָ?
מײַן צײַט פֿאַר האָבן קינדער פֿאַרבײַ און מײַנע דרײַ
גאָלדענע אין מײַן פּײַלטאַש
דאָס ווייס איך אויף זיכער: ס׳איז ניט גלאַט אַזוי
זיך צוצוקוקן

איך בין באַרעכטיקט

18. די שפּיל בײַם סוף

מײַן חבֿרטע מיט איר נײַעם געליבטן װעלן חתונה
האָבן נײַ יאָר

מענטשן האָבן חתונה דעם איין און דרייסיקסטן
דעצעמבער
צוליב די נוצן פֿון דער שטײַער דעקלאַראַציע װאָס
מען גיט אַרײַן אין איינעם –
נישט זיי

זייערע קינדער – איר טאָכטער זײַנע זין זײַנען שוין דערוואָקסענע
און נישטאָ מער אין דער היים
נאָר דאָס װאָס
זיי פֿאַרמאָגן
מוז צום סוף
גיין זײַנס אויף רעכטס אירס אויף לינקס

פֿאַרבלײַבסטו מיט דעם געליבטן
פֿון דײַן יוגנט
װער עס לעבט לענגער װעט באַשטימען װעלכער װעט װעלכעס
באַקומען
װעלכער זון צי װעלכער טאָכטער װעט הנאה האָבן פֿון
יעדן בילד און לעפֿל
װעלעכס אייניקל װעט װיגן זײַן אייניקל אין
װעלכער באָבעס װיגשטול

19. קעצעלעך

שוין מער ניטאָ קיין קעצעלעך בײַ מיר אין שטוב
געווען אַ צײַט ווען עס זײַנען יאָ געווען קעצעלעך
ווען עס זײַנען געווען צו פֿיל
זיי האָבן מײַן מאַן פֿאַרטריבן
ער האָט זיך מיט זיי באַנוצט ווי זײַן תּירוץ געזאָגט אַז
זיי פֿאַרטרײַבן אונדזערע פֿרײַנט
ער האָט זיך געשעמט צו ברענגען די פֿרײַנט אין
שטוב
איך האָב קיין הויז־חיהלעך ניט געוואָלט
איך בין ניט מיט זיי דערצויגן
כ'האָב ניט געהאַט קיין פּראַקטיק אין דעם
ווי אַזוי מען גיט וועמען אַוועק

כ'האָב ניט געקענט אַוועקגעבן די קעצעלעך

טייל מאָל זײַנען זיי געשטאָרבן
טייל מאָל זײַנען זיי געשטאָרבן ווײַל איך האָב זיי
נישט געקענט נעמען צום וועטערינאַר
עס זײַנען קיין הויז־חיהלעך ניט געווען ווו איך בין
אויסגעוואָקסן
מען האָט מיך ניט געלערנט ווי אַזוי וועמען אַרײַנצופּאַקן
אין אַ שטײַג
פֿאָרנדיק צום וועטערינאַר
אויף דער פֿרײַ אין אויטאָ
האָבן זיי זיך דערשראָקן

מיר אויפֿן קאָפּ געשפּרונגען
זיך אונטער דעם טאָראַז אַרײַנגעקוועטשט
אויף דעם קערעוווער געזעסן
איך פֿלעג אויסדרייען דעם אויטאָ און אַהיים פֿאָרן
אַ מאָל זײַנען זיי געשטאָרבן

איך האָב ניט געקענט אונטערשיידן
צווישן אַ הויז־חיה און אַ מענטשן
כ׳האָב ניט געקענט סטעריליזירן די נקבֿות
בעת איך בין אַליין נאָך פֿרוכטפּערדיק געווען
עס זײַנען געווען נאָך און נאָך קעצעלעך

האָבן די קעצעלעך נאָך קעצעלעך געהאַט דעם נעקסטן
פֿרילינג
איין מאָל האָב איך געזען ווי ליטל פּרינס פּאָרט
זיך מיט זײַן ייִנגערער שוועסטער מאַלינאַן
דער ייִנגערער ברודער לאָרד פּיטער ווימזי פֿון זעלבן
פּליד
האָט זיך צוגעקוקט קרעכצנדיק געוואַרט
דאַן איז זײַן ריי געקומען
אָט די קעצעלעך זײַנען אַרויס
יעדער פּונקט ווי דער טאַטע
ליטל פּרינסעס אַן אָראַנזש פֿײַער אַזוי ווי פּרינס
פּערסי גרוי און ווײַס פּונקט ווי זײַן טאַטע
יעדער טאַטע האָט זיך מיט זײַן אייגן קעצעלע
פֿאַרנומען
דאָס געלעקט, זיך אַרומגעלייגט אַרום דעם
מיר האָבן יאָ געפֿונען אַ גוטע היים פֿאַר פּערסין
לאָרד פּיטער ווימזי אַ יאָר אַלט
איז אַרויס זוכן זײַן זון אין אַלע גאַסן
דערהרגעט קוים אַ יאָר אַלט
זוכנדיק רופֿנדיק

מיר איז ניט באַשערט צו האַלטן חיהלעך אין שטוב
איך קען זיי פֿון די מענטשן ניט אונטערשיידן
עס זײַנען שוין מער ניטאָ קיין קעצעלעך בײַ מיר
אין שטוב

20. דאָס גוטע מיידל

ערבֿ שבת ווען די זון האָט געבאָדן די טורעמס אַנטקעגן פּאַרק
גלאַנצנדיקע פֿענצטער צווישן וויגנדיק זיך צאַרט אין ווינט
אַלץ דערמאָנט מיך ווי מיר זײַנען געזעסן פּנים־אל־פּנים בײַ אָט דעם טיש

כ'פֿלעג דיר זאָגן אַז מיר האָבן בילעטן אויף זונטיק אָבער
    מע מוז נישט גיין
זאָלן מיר עפּעס אַנדערש טאָן?

אָ פֿלעגסטו זאָגן אויף זיך אַרויפֿוואַרפֿנדיק דעם זשאַקעט
כ'וועל דעם סוף־וואָך נישט זײַן דאָ – כ'האָב דיר נישט געוואָלט זאָגן
דו זעסט צוליב דעם אַזוי טרויעריק אויס

פֿאַר וואָס האָב איך קיין מאָל נישט
    ק י י ן   א י י ן   א ו ן   א י י נ צ י ק   מ אָ ל   נ י ש ט
געטאָן אַ טו אָן מײַן מאַנטל ג ו ט ווּהין גייען מיר?
אָדער: דו ביסט מײַן מאַן!
דו וועסט פֿאַרבלײַבן און דעם סוף־וואָך מיט מיר פֿאַרברענגען!
אָדער אַפֿילו: טײַערער וואָס קומט פֿאַר מיט אונדז?

דאָס גוטע מיידל
ווײַל
אויב איך וועל זײַן אַ גוט מיידל
און שווײַגן
וועט דאָס זיכער זיכער וואָס דאָס זאָל נישט זײַן
אַוועקגיין

צווייטער טייל

21. דאָס כראָפּען

ווען מיר זײַנען יונג געווען פֿלעג איך זיך
באַקלאָגן
וואָס דו כראָפּעסט
אַ האַלבע נאַכט האָב איך נישט געקענט אײַנשלאָפֿן
עס האָט צו קראַנקע קאָפּווייטיקן געפֿירט
ווען דו האָסט מיך אויף אַן אמתן ליב פֿלעגסטו
זאָגן
וואָלטסטו דאָרט געלעגן אַ גליקלעכער בלויז צו
הערן ווי איך כראָפּע

עס איז מקוים געוואָרן

אפֿשר דערפֿאַר וואָס דאָס געהער איז שוין נישט
אַזוי שאַרף
צי צוליב אַנדערע סיבות
ווען איך האָב איצט דעם זכות זיך צוצוקוקן
ווי דו כראָפּעסט
באַקן בלאָזן זיך צערטלעך אַרײַן אַרויס
שלאַנקע קנעפּל איינס איבער דעם אַנדערן
דײַן ברוסטקאַסטן סאָליד עס שטראַלט פֿון דעם די
גאַנצע וואַרעמקייט וואָס די וועלט קען אין זיך
האַלטן
אין יענע מאָמענטן בין איך גליקלעך
הערן פשוט ווי דו כראָפּעסט

22. אויפֿכאַפּנדיק זיך פֿון אַ דרימל

פֿאַרשלאָפֿן צי איך אויס די גלידער און איך צי זיך
אַרײַן אין פֿאַרגעניגן פֿון דײַן קול
אויפֿן טעלעפֿאָן אין צווייטן צימער
אַ פֿאַרגעניגן וואָס כ'בין נישט זיכער מיט דעם
לעצטנס
איך זיץ דאָ וואַרטנדיק אויף ווי הייסט ז' דאָרט
זיך אויפֿצוכאַפּן
אָט וואָס איך הער דיך זאָגן
איך זיץ דאָ וואַרטנדיק אויף ווי הייסט זי דאָרט
זיך אויפֿצוכאַפּן
ליבער גאָט אין הימל
אָ גוט זאָגסטו האָסט עס געקויפֿט –
מען באַקומט דאָס 20 בײַ 60 צי 30 בײַ 60
נאָר מיר קריגן 20 בײַ 60, ריכטיק?
מ י ר !
נו האָסט געכאַפּט אַ מציאה ווײַל דו האָסט דאָס
אָן גלאָז גענומען

דו באַקוקסט אַ רשימה נעמען מענטשן וואָס דו וועסט
ווײַטער רופֿן
די מערסטע נעמען קען איך
נאָר די מיט וועלכער דו רעדסט איצטער ק ע ן ז י י אַ ל ע !
מאָרגן וועל איך אין דער היים זײַן זאָגסטו
אָבער טראַכט איך פֿאַרטשאַדעט דו ביסט איצטער אין
דער היים!

גיך איידער יענע קען אַוועקלייגן דאָס טרײַבל
טוסטו אַ זאָג אין טעלעפֿאָן איך האָב דיך ליב

אָט ווען עס פֿאַלן אײַן אַלע ווענט

23. סאָנעט פֿאַר מײַן געליבטן

געליבטער מײַנער ביסט שוין איין מאָל אַוועק פֿון מיר און
יעמאָלט
האָב איך דיך צוריקגעוווּנען מיט געדולד און מיט
געניטקייט
דער יעמאָלט איז געשען צוריק מיט פֿערציק יאָר
איצט
פּען און פּיטער פּען
ווילסטו ניט אַלט ווערן! ניט סטאַטעטשנע ניט ווילד –
אין גאַנצן ניט

דו ביסט דאָריִען גריי איך בין דער שפּיגל; איך בין
„אָמאַמאַ" דו ביסט „גראָמפּי"
און שפּינסט דײַן חלום וועגן דער ייִנגערער בלאָנדערער
מאָדעלקע –

נישט צוליב אַכזריותדיקייט – וויניקסטנס נישט בלויז
צוליב דעם
נאָר פּשוט – איך בין איצט דײַנע עלטערן ווען
דו זאָגסט

איך האָב דיך ליב און איך וועל צוריקקומען פֿאַר
געבורטסטעג און דעם ים ברעג
אויף לוויות חתונות און טייל יום־טובֿים
סײַדן וועסט מײַן חלום מיר בלאָקירן נאָר לאָז מיך
זײַן פֿרײַ
מײַן יוגנט צו געפֿינען און ווידער לעבן ווי אַ יונגער מענטש

דאַן וועל איך דיך געדענקען מיט געפֿיל
און כ'וועל דיר מוחל זײַן וואָס דו ביסט איינע אַליין
אַלט געוואָרן

24. טרייסט

יעדע פֿרוי וואָס איך וועל אַוועקשטעלן אויף דײַן
אָרט טוסטו אַ געשריי מיך דערמיט צו טרייסטן
וועט זײַן מינדערוועטיקער פֿון דיר
אַלע אַלע די וואָס איך נעם אין באַטראַכט זאָגסטו
אין פֿאַרצווייפֿלונג צו
אַלע אַלע קומען נישט צו דיר

מיט דעם און פֿינף און צוואָנציק סענט
קען איך לאָקאַל טעלעפֿאָנירן
שפּאַצירנדיק אַליין פֿאַרטאָג וואָס זאָל איך
דעקלאַמירן
זיך צו טרייסטן?

אַ מינדערוועטיקער ריח פֿילט איצט אָן זײַן באָדצימער
אויפֿן דרענגל אַרום זײַן שפּריץ
הענגען איצט אַ פּאָר מינדערוועטיקע מייטקעס?

אין אַ פּאָר שעה אין פֿרישן גלאַנץ פֿון דער זון
וועט די צונג פֿון אַ מינדערוועטיקער פֿרוי
זײַנע ליפּן צעטיילן כּדי אים אויפֿצוּוועקן

25. סוף־וואָכן

האָסט פֿון מיר געמאַכט אַ בוך וואָס ווערט בלויז
אין די וואָכנטעג געלייענט
פֿרײַטיק נאָכמיטאָג טוסטו מיך אַ לייג אַוועק אויף
איינעם פֿון די נידעריקע פּאָליצעס און טוסט
אין אײַלעניש
אַ גיי אַוועק אַהינצו ווו מען קען דיך שוין נישט
דערגרייכן
אַזוי אַז ביז מאָנטיק עקזיסטיר איך נישט

26 פֿרײַהייט

איך מיין אַז איך בין פֿון דיר פֿרײַ
און עס אַרט מיך קוים
פונקט ווען מיר וועלן זיך ווידער טרעפֿן
ביז איך באַמערק אַז איך מיין נאָר אַזוי
די רגע נאָך דעם ווי איך האָב דײַן קול דערהערט
און דו האָסט זיך אָפּגערעדט
ווען מיר טרעפֿן זיך

דו מיינסט אַז דו ביסט פֿון מיר פֿרײַ
און עס בענקט זיך נאָך מיר קוים
כּל־זמן איך האַלט נאָך אַלצדינג צוזאַמען
כּל־זמן דו ווייסט תּמיד גענוי ווו
דו וועסט מיר אָנקלינגען געטנוי ווו איך וועל זיך
געפֿינען
דיך דערוואַרטנדיק
מאָנטיק אין דער פֿרי

27. אַהאַבאַ

מאָבי דיק האָב איך נישט געלייענט
נאָר אין ניי־ענגלאַנד האָב איך יאָ געווינט
געזונגען די לידער פֿון די וואַלפֿיש־פֿאַנגער

דו האָסט ליב לויפֿן זיך אַריינוואַרפֿן לאָזן פֿון
זיך הערן
סאַפּען אַרויסשפּריצן
מיט מיין האַרפּון ביי דיר אין האַרצן
ביז רחמנות צו דיר נעמט ציִען דאָרט ווו איך האַלט
דאָס שטריק פֿון דעם האַרפּון

נאָר געשלעפּט געריסן פֿאַרלעצט הילפֿלאָז בלינד
האַלט איך זיך מיטביידע הענט אָן אין דעם שטריק
זיך אַנטקעגנשטעלנדיק דעם ווייטיק

איך וואָלט אפֿשר אָפּגעלאָזט ווען נישט די געפֿאַר:
אַז איך וועל מוזן צוזען ווי דו לויפֿסט
און וואַרפֿסט זיך אַריין לאָזט פֿון זיך הערן שפּריצט
פֿריי ארויס
גליקלעך נאָך אַלעמען
באַגלייט –
נישט פֿון מיר

28. נישט־געזעצלעך

גרייכנדיק צום ווײַטן צוריקוועג פֿון אונדזער יונגער
ניט געזעצלעך ליבע
ווען דו ביסט צו מיר געלאָפֿן נישט פֿון מיר
פֿלעגסט פֿון אָפּיס צו מיר קלינגען ווי מען קלינגט צו אַ מעטרעסע
מיך אויף יום־טובֿדיקע מיטאָגן געפֿירט
מיר דײַן זשאַקעט קעגן דער קעלט געגעבן

טײַערער איז דאָס אויף אַן אמתן
נישט די רויב־חיה דאָרט ערגעץ אין דער פֿינצטער
וואָס דו לויפֿסט צו איר אַנידער
נאָר פּשוט מירביידע אין אַן אויסגעדאַרטער צוקונפֿט
ניט־געזעצלעכע ליבהאָבער ווידער אַ מאָל

29. דאָס אָפּשנײַדן

איך וועל דיך פּרוּוון לאָזן לויפֿן מײַן טײַערער מײַן
ליבער
און דו וועסט פּרוּוון
זיך אָפּשנײַדן פֿון מיר
אָבער מיר ווייסן אַז מיר
קענען דאָס אויף אַן אמתן נישט באַווײַזן
נישט איך נישט דו
די קינדער פֿאַרמאָגן אונדזערע פּנימער אונדזער קול
זיי זינגען אונדזערע לידער און דערציילן אונדזערע
וויצן ווערטלעך
ווען איך און דו זאָלן איינס דעם אַנדערן אויסשנײַדן
פֿון אונדזערע הערצער וואָלטן מיר געמוזט אַזוי טיף
אײַנשנײַדן
אַז עס וואָלט שוין קיינער קיין מאָל נישט געקענט
אָפּשטעלן דאָס בלוטיקן

30. קרבֿ־יום

עס וועט זײַן אַ טאָג
נישט קיין טאָג נישט קיין נאַכט
עס וועט זײַן אַ טאָג
פֿון לויטערער ליכטיקייט

דו וועסט נעמען אונדזערע אייניקלעך
צו צוויי אויף יעדן קני
זיי וועלן דיך רופֿן גראָמפּי
ברייט אַרויפֿשמייכלענדיק צו מיר

ביז איך וועל זאָגן רוקט זיך!
מאַכט פּלאַץ!
זיך טאָן אַ זעץ אַוועק צווישן זיי
און דו וועסט אונדז אַלע צוזאַמען האַלטן

שטאַרק און וואַרעם

דריטער טייל

31. דיאַלאָג

7 יאָר רעדט צו דער עלטער

פֿיר מיך אויף אַן אַווענטורע
לאָמיר פֿאָרן צו אַ ווין אָן נאָציס און אַ ישׂראל אָן
מלחמה
לאָמיר צוזאַמען נעמען די גאַנצע משפּחה פּעטערס
טאַנטעס באָבע־זיידעס
אַלעמען
און אַלע וועלן אין איינעם רײַזן אין ערשטן קלאַס וואַגאָן
מיט ווײַסע טישטעכער
און מאַלינע סאָדאַ וואַסער
אַלע אין אַ גוטער שטימונג קיין איינע פֿון די מאַמעס
קראַנק אויף מיגרען
מיר וועלן שפּילן אין אַזוינע שפּילן וואָס נישט מען
געווינט און נישט מען פֿאַרלירט
און נ י ש ט אין מוזיקאַלישע שטולן
ווען מיר וועלן דערפֿאָרן וועט זײַן נישט הייס און
נישט קאַלט
אַלע בלומען וועלן בליִען און עס וועט שײַנען די זון
עס וועט זײַן פּונקט ווי עס דאַרף צו זײַן
ס׳וועט אונדז ווער געבן ביציקלעטן און אונדז לערנען
ווי מען פֿאָרט אויף זיי
מיר וועלן נישט אַראָפּפֿאַלן און מען וועט אונדז
נישט איבערפֿאָרן

אַצינד רעדט די עלטער צו 7 יאָר

קום איך וויל דיר עפּעס ווײַזן
אָט איז אַ צימער וואָס איך האָב געבויט
עס איז אַזוי ווי דער סאַלאָן ווו דו פֿלעגסט קוקן ווי
עס פֿינקלט דער קאַנדעלאַבער
גאַנץ פֿרי איידער עס איז נאָך וועד אויפֿגעשטאַנען
אַ סך גרעסער נאָר אין רויט אויסטאַפּעצירט
אויך
אַן אויסגעבויגענער באַלקאָן פֿון אײַזן אויסגעאַרבעט
און מוטיס רײַנהאָלד פּיאַנע
זיי זײַנען שוין נישטאָ נאָר עס פֿלעגן זײַן קעצעלעך אין אָט
דעם צימער
זיי פֿלעגן איינס דאָס אַנדערע איבער דעם מעבל יאָגן
איך ווייס אַז דו שרעקסט זיך פֿאַר קעץ נאָר וואָלטסט עס
געהאַט בײַגעקומען
זיי וואָלטן דיך געפֿעלן די קעצעלעך טייל זײַנען געווען ווי
שנעלע אָראַנזשענע פֿלאַמען
אין דעם צימער איז געווען אַ שימחה פֿאַר אַ טעאַטער אַנסאַמבל

חבֿרה שלאָפֿנדיק אויף דרערד
אויפֿגעשטאַנען אַ טענצל כאַפּן און צוריק געלייגט זיך שלאָפֿן
אַ גאַנצע נאַכט בין איך געזעסן און אויף זיי אויפֿגעפּאַסט
דאָס רובֿ פֿון דעם וואָס איז ווײַטער דאָ געשען איז צו
טרויעריק און עס שיקט זיך נישט
דאָס צו ווײַזן אַ קינד

32. אַפּריל נאַר

אָ יאָ פֿאַרהייראַטע פֿרוי
איך האָב אײַך ביידע געזען
מיט די פֿינגער איינס דעם אַנדערן אין שויס
אונטערן טיש

מיט יאָרן צוריק ווען איך און דו האָבן נאָך ביידע די
עלטערן געהאַט
און מיר זײַנען שוין אַליין געווען די עלטערן פֿון אַ זון מיט
אַ טאָכטער
האָט אַ קליין מיידעלע ווײַט פֿון אונדז זיך נאָך
געלערנט קריכן

נאָר הײַנט באַנאַכט ווען דו וועסט זײַן
ווײַט פֿון דאַנען
וווּהין פֿאָרסטו דאָס מאָל?
דאַן וועט ער זײַן אין מײַן בעט

די יאָרן זײַנען פֿאַרבײַ און אונדזערע קינדער שוין
דערוואָקסענע
זײַנען אַרום אונדז בײַ אונדזערע מיטאָגן געזעסן
און אָט די עקסטראַ מיידל האָט גענומען זיך דאָרט ווײַזן
אַלע יאָר מיט אַן אַנדערן פֿאַרוואָס
די איינציקע דאָרט וואָס האָט זיך גענייטיקט אין אַ
פֿאַרוואָס

אָ יאָ פֿאַרהייראַטע פֿרוי
איך האָב אײַך ביידע געזען
מיט די פֿינגער איינס דעם אַנדערן אין שויס
אונטערן טיש

יאָר נאָך יאָר איז זי צו מיר צוגעקומען
די חוצפּה וואַקסנדיק אין אירע אויגן

נאָר הײַנט בײַנאַכט ווען דו ווערסט
זײַן ווײַט פֿון דאַנען
וווהין פֿאָרסטו דאָס מאָל?
דאַן וועט ער זײַן אין מײַן בעט

ווער וואָלט געגלויבט די פֿאַנטאַזיע פֿון אַזאַ
סמאַרקאַטקע
ווען איך און דו געהערן זיך שוין אַ האַלבן יאָרהונדערט
איינס דעם אַנדערן?

אַלץ מער בין איך געווען גענאַרט

33. באָלטימאָר

פּליטים ערשט לעצטנס פֿאַראָרעמטע
אין אַ דלות הויז אויף יוטאַוו פּלאַץ
כּדי די מאַמע זאָל קענען גיין אין וואַשצימער
האָט מען מיך גערופֿן
צו פֿאַרטרײַבן די וואַנצן אין זייערע נאָרעס
זיי האָבן בײַ מײַן מאַמען אַ שוידער אַרויסגערופֿן
נאָר איך האָב זיך געמאַכט אַז עס אַרט מיך נישט
מיט א שטאַרקן אָנשטעל פֿון מוט פֿלעג איך מאַכן
ליכטיק
סומנע קורץ געדיכט אָן העלדזוער
אין די טויזנטער פֿלעגן זיי לויפֿן זיך באַהאַלטן

איצט מיט פֿופֿציק יאָר שפּעטער
האָט מען מיך גערופֿן
כ'בין צוריק קיין באַלטימאָר מיט דער באַן געפֿאָרן
שרעקלעך איבערגעשראָקן דער זעלבער אָנשטעל פֿון
מוט

איך טראַכט וועגן יענסמאָל ווען מיר זײַנען יונג געווען
איך האָב געראַטעוועט דײַן לעבן
אין רוים גערדענקסטו איך האָב דײַן זעקספֿוסיקן געביין
אַרויסגעטראָגן
פֿון די בעדער פֿון קאַראַקאַלאַ ווו זיי האָבן טוראַנדאָ
געזונגען
צום אויטאָבוס האָטעל אַמבולאַנס שפּיטאָל
געשפּאַנט הין און צוריק אויפֿן טערעס פֿון סאַלוואַטאָר
מונדי הויך איבער
די בערג פֿון רוים דער טײַך די ציפּרעסן־ביימער
ביז די מאַמע פֿון די מאָנאַשקעס איז צו מיר
אַרויסגעקומען
איך זע אַצינד איר פּנים
איר דאַרפֿט זיך וועגן אײַער מאַן נישט זאָרגן

איצט ווידער אין באָלטימאָר וואַרט איך
גאַנצע דריַי שעה בעת אַ כירורג
ניט קיין איטאַליענער
שנײַדט איַין אין אויג פֿון שוואַרצאַפּל פֿון מײַן אויג

און אין דעם סומנעם וואַרטצימער אַ גאַנץ אַנדערער
שוידער
אויף יענער זיַיט פֿון אָט דעם צימער
סומנע קורץ געדיכט אָן אַ האַלדז
זיצט

דער וואַנץ פֿון אַלע וואַנצן

34. אויף אונדזער זונס חתונה

אונטן אין קעלער האָט זײַן פֿעטער קאָנטראָלירט די
באַלקנס מיט דעם יסוד
בעת כוואַליענדיק זיך אונטער אונדז
האָט דער דיל אַזוי פֿיל געפּאַרן אַנגעזאָגט
אַז מיר זײַנען געבליבן אָן באַוועגונג

נאָר זייערע זיגערישע פֿרײַנט
זשאָנגליאָרס דרייערס שפּרינגערס פֿון יאָ זאָגן
האָבן געטופּעט און אויסגעשריגן באַשיצנדיקע קרײַזן
אַרום אים מיט זײַן כּלה
שײַנענדיק פֿאַר שׂימחה און שיינהייט די ביידע

דער יסוד האָט זיך געהאַלטן

35. אָדם און לילית אָדמס חוה

פֿרײַ און שטאַרק זײַנען זיי צוזאַמענגעקומען
זי און אָדם אין דעם זיסן האָנקריי פֿון יוגנט
איינס פֿאַר דעם אַנדערן צעפֿלאַמט באַגערנדיק
באַוווּנדערנדיק
יעדער אַ היטער פֿון דעם אַנדערנס נשמה

שפּעטער איז פֿון דער איבערגעשטאַנענקייט פֿון זײַן בלוט
געוואָרן אַ לאַנגער אויסגאָס
פֿון ביטערע שדים האָט ער יעדן שד געגומען רופֿן
לילית
באַצייכנט מיט לילית דאָס פּעקל פֿון חרטה און
כּעס און זי
אַ שאָס געטאָן דאָס גאַנצע פּעקל אין דער
דרויסנדיקער פֿינצטערניש

„איך וויל עמעצן פּונקט אַזוי ווי איך מיך
אויפֿצומונטערן
ריפּ פֿון מײַן זײַט מײַן טעמפּעראַמענט און נאַטור"
פֿון אַזאַ ארץ־ישראל־פּעדעם בויט ער איצט זײַן חוה
אין גאַנצן גרינגקייט געהאָרכיקייט און געלעכטער

קיין לעבעדיקע פֿרוי איז ניט קיין חוה אָדער לילית
אויסגעטראַכט פֿון אַ מאַן

ווי אַזוי איז פֿון איר געוואָרן זײַן קאָשמאַר אָדער זײַן חלום?

36. די צעשפּליטערונג

מײַן זון האָט אַ שטיקל זיגערישע נײַעס און ווען ער
דערציילט מיר זאָגט ער
טאָמער ווערסטו מיט פּאַפּאַן רעדן זאָג אים נישט איך
וויל אַליין אים זאָגן
אָבער הייס אים צו מיר קלינגען
באַלד

זאָג איך מזל־טובֿ מזל־טובֿ ניין כ'וועל נישט אויסזאָגן
איך וועל נישט אויספּויקן דײַן איבערראַשונג
און אַגבֿ זון מײַנער ווען דו וועסט אים זאָגן
הייס אים אויך אַז ער זאָל צו מיר קלינגען
אַזוי אַז מיר זאָלן אין איינעם קענען שעפּן נחת און
זיך ווינטשן
מזל־טובֿ

אָ מאַמעלע זאָגט ער

קענסט דאָס נישט טאָן

קענסט מיך נישט הייסן
איך זאָל אים זאָגן
דיר אָנצוקלינגען

37. די קאַמעאָ

טייל מאָל האָב איך נישט אָנגענומען דאָס וואָס
דו האָסט מיר געגעבן
ניט געווען בכּוח זיך פֿאָרצושטעלן דײַן קויפֿן
אין אַלע די ווײַטע ווײַטע ערטער
ווי דו האָסט ציטערנדיק אויסגעקליבן
די קאַמעאָ צו דער פּאַרפֿום

איך האָב געוואָלט דאָרט זײַן מיט דיר אין איינעם
נישט בלויז די וואָס באַקומט די אָנדענקען

דאָך אָנדענקען זײַנען זיי געווען באמת אָנדענקען
פֿון ליבע פֿון דײַנע געדאַנקען פֿון דער ווײַטנס

אָ גיב מיר איצטער אַ קאַמעאָ
גיב מיר עפּעס
צי וואָס עס זאָל ניט זײַן

זיך אַליין

38. איך ווײַז דיר, דו ווײַזט מיר

דו ברענגסט מיר דײַן נײַע אַרבעט
וואַרעמע קאָלירן – ראָזע לילע בלאַס אָראַנזש
אויפֿגעליייגטע חיות מײַן שאָטן
דער פּאַליטער איז נישט אַזוי אַנדערש די זעלבע פֿאַרבן

עס פֿעלט אָבער דער שאַרף סקיצירטער שוואַרצער גרונט
וואָס פֿלעגסט שטענדיק מאָלן ווען דו ביסט געווען בײַ מיר
דער נײַער עפֿעקט

פֿריידיק

דאַן שטעל איך מיט אַ ציטער פֿאָר פֿאַר דיר
אונדזערע נײַע קינדער
די לידער וואָס דער טרויער דרינגט איצט פֿון מיר אַרויס
נישט אַלע נאָר אַ סך

עס מאַכט פֿון דיר אַ גוטע שרײַבערין אַ יאָ
זאָגסטו

39. דו באָטסט זיך אָן צו פֿאַרשרײַבן אַ ציטאַט

איך קוק ווי דײַנע פֿינגער אַרבעטן אויס
אַזוי גרינג אַ שורה נאָך אַ שורה
די האַנטשריפֿט וואָס פֿון דעם האָבן זיך בײַ מיר די
גערעדעם געקערט
דאָס האַרץ געיאָגט זיך
אַ האַלבן יאָרהונדערט

דו ביסט מײַן וווּלקאַן מײַן ערדציטערניש
איך ווער צעזעצט פֿון איין נאָך־שאָק נאָך דעם
אַנדערן
ווען דו גייסט אַוועק

40. ווען דו פֿאָרסט אַוועק

ווען דו טוסט טייל מאָל אַ פֿאָר אַוועק
וויין איך אַזוי שטאַרק
טיף ראַשיק
אַז ווען איך וואָלט אַ מאָל אַזוי געקענט וויינען ווען
דו ביסט דערבײַ
וואָלטסטו נישט געקענט נישט געקענט

טאָן אַ פֿאָר אַוועק

41. צעבראָכן

מײַן הויפּט ספּרוזשינע איז צעבראָכן
איך פּרוּוו דאָס צוזאַמענהאַלטן מיט די פֿינגער
פֿאָרט באַנײַ איך מײַן אַבאָנירונג צום „ניו־יאָרקער"
כ'באַקוק דעם טאָוול
נישט די מעשׂיות
אַפֿילו נישט די וויצן
אָט דער עקזעמפּלאַר איז שוין אַלט פֿיר יאָר
די דאַטע פֿון סוף־וואָכן ווען דו האָסט צום ערשטן מאָל
אַרויסגערעדט דאָס וואָרט
גט
עס שטייט אָפֿן צעלייגט אויפֿן אָרט אין מיטן פֿון
אַ לאַנגן אַרטיקל וואָס איך האָב געהאַלטן אין
לייענען

42. דזשאַמייקאַ

נאָך אַ מאָל נאָך אַ מאָל נאָך אַ מאָל און ווידער אַ מאָל
און נאָך איין מאָל
פֿאָרסטו אויף אונדזער וואַקאַציע אָן מיר
ביז עס קומט אויף בײַ מיר אין מוח די וויזיע
פֿון דיר דאָס קליינטשיק ייִדיש ייִנגעלע אין נאַציש
פֿראַנקפֿאָרט
צוריקגעהאַלטן שטענדיק אויף די שפּיצפֿינגער
און דײַנע העלדן די הויכע עס־עס־לײַט
בלאָנדע אַבזוריותדיקע לאַכן זיי פֿון
דער דערנידעריקונג פֿון אַנדערע

מאַכסטו מיך איצט צו געלעכטער בײַ פֿרעמדע מענטשן
אין יענע ווײַטע קאַראַבינער ערטער?
פֿאַרווײַלסטו זיי מענער און פֿרויען מיט מעשׂהלעך?
ווי אַזוי איך מאַטער זי אין בעט
ווי אַזוי איך צווינג זי זי זאָל זיך בעטן און בעטן

און דאַן זאָג איך איר אָפּ

43. מיכל

ווען איך האָב נאָך אַ מאָל די מעגלעכקייט

אָון איך וואָלט אַנשטאָט
אָ יאָ! געזאָגט
יאָ יאָ טײַערער איך וויל דיך
אַ ז ו י   שטאַרק

וואָלט זיך עס צוליב דעם געענדיקט אַנדערש?

מיכל שאולס טאָכטער
האָט זיך צוגעקוקט ווי איר דוד טאַנצט
אַזוי ווילד איז ער געשפּרונגען אַז זײַנע בגדים זײַנען
אין דער הייך געפֿלויגן
און אַנדערע פֿרויען האָבן געקענט באַקוקן
דאָס וואָס פֿאַר איר איז געווען
אַזוי פּריוואַט און טײַער
זי האָט צו אים גערעדט מיט ביטול

איך קלער – האָט עס איר טאַקע צוגעצויגן
און זי האָט זיך געשעמט דאָס אַרויסצורעדן?
האָט זי זיך אויף אַן אמתן צוגעקוקט צו זײַן ברען
מיט פֿאַרגעניגן?
איין מאָל בלויז איין מאָל האָט זי צו אים אויסגערעדט
אַ ביטולדיק וואָרט
און איר מאַן האָט זיך קיין מאָל מער נישט צוגערירט
צו איר
איר גאַנץ איינזאַם לעבן

44. לאַגע

אַרויסשפּאַנענדיק דורך דער טיר וואַרפֿט ער צוריק אַן עצה איבערן אַקסל:
לאָז נישט מענטשן זען אַז דו ביסט דערשלאָגן
זיי וועלן דיר טרעטן מיט די פֿיס
אָ און – צוריקטרעטנדיק ביז אַ העלפֿט פֿון צימער –
דאָס אויך: מענטשן האָבן זייערע אייגענע צרות
באַקלאָג זיך נישט אויף דײַן לאַגע
זיי וועלן פֿון דיר וויכן

אין משך פֿון לאַנגן מאָמענט ביז עס טוט אַ שניט דער ווייטיק
האָב איך נאָך צײַט צו באַטראַכטן מיט אַן אָפֿן מויל די
טיר וואָס האַלט זיך אין פֿאַרמאַכן
זעט זיך דער מענטש ווי אַ לאַגע?

45. אַוועקגעוואָרפֿענע געסט

אויף חתונות און בר־מיצוות זעצט מען זיי נישט
אַוועק בײַ דעם
טיש פֿאַר די אַלמנות. אין די זעכציקער מיט אַ מאָל
געגעטע
האָבן זיי זייער אייגענעם טיש ווו צוויי אָדער דרײַ
ניט פֿאַרהייראַטע מענער ווערן אַרײַנגעוואָרפֿן צווישן זיי
ווי צושפּײַז פֿאַר די הײַפֿיש

בעת זייערע מענער נעמען דעם ייִנגערן מוסטער אויף
שׂימחות בײַ אַלטע פֿרײַנט
ווינען זיי אַליין גיין אויף זיצונגען רעדן מיט יעדן
באַקאַנט פּנים
די אויגן אַ ביסל פֿאַרגלאָצט ווי די אויגן בײַ אַזוינע
וואָס האָבן איבערגעלעבט אַ קראַך
נאָר זיי ציִען צו זיך נישט צו קיין קרײַז פֿון דערשיטערטע –
פֿאַרכאַפּטע – צוהערער
די נאָך אַלץ פֿאַרהייראַטע טרעטן אויף צוריק מיט אַ טראָט
ציִען צוריק אײַנלאַדונגען אויף וועטשערע לייגן פֿאָר
מיטאָג מיט די מיידלעך

אַליין מיט זיך קײַען זיי איבער איין מאָל און ווידער אַ מאָל
די שוין געשעענע מעגלעכע מער ניט מעגלעכע געשפּרעכן
און ניט רירנדיק זיך באַטראַכטן זיי דעם אויטאָ־פּאַרקער
אָדער די בלעטער
צו פּטרן די צײַט וואָס איז זיי נאָך פֿאַרבליבן

46. האַיקו

יעדער וואָס האָט מיך ליב
וויל אַז איך זאָל זײַן געזונט צופֿרידן
און ערגעץ אַנדערש

47. די פּרײַוויליקע

די אָפּענע רעפּעטיציע געענדיקט דער עולם צעגיסט
זיך
פֿאַרבײַ דער לענג פֿון דער גלעזערנער אָפּצאַמונג
אַרונטער מיט פליטקע געראַמע טרעפּ
נאָר איך איינע אַליין פֿאַרבלײַב נאָך
יעדער שמועסט יעדער געפֿינט זיך מיט נאָך װעמען
קען איך דאָ װעמען? װער עס זאָל ניט זײַן?
און טאַקע עס װינקט צו מיר אַ פּנים
װאַרטנדיק ספּעציעל אויף מיר
דאָרט װוּ עס ענדיקט זיך די גלעזערנע אָפּצאַמונג

איר אײַנגענעמע שטימע שטעלט מיר אַ נאַרישע פֿראַגע
„װעלכעס שטיק איז אײַך צום בעסטן הײַנט אין
דער פֿרי געפֿעלן?"
איך מיין אַז איך קען די פֿרוי נישט
פֿאַר װאָס טראָגט זי אַן עטיקעט מיט איר נאָמען?
פֿאַר װאָס שטייט אָנגעשריבן פּ ר ײַ װ י ל י ק ע אויף דעם?

איך קאָרטשע זיך אײַן אין זיך – זי האָט געזען!
יעדער קען זען!
ס'איז בולט אָנגעשריבן אויף מײַן פּנים!

דאָס איז אין גאַנצן פֿאַלש מען האָט געמאַכט אַ טעות
דאָס איז מײַן פּלאַץ אויבן בײַם גאָרן טרעפּ
דאָס דאַרף איך זײַן די פֿרײַװיליקע
די טרייסטערין

48. דער לעצטער טאָג

טאָמער זאָל דאָס זײַן דער לעצטער טאָג
דער סאַמע לעצטער
יאָגנדיק זיך אויפֿן מאָרגנדיקן נײַ־ענגלענדער שאָסיי
אַרום און אַרום בײַט זיך געטרײַ דאָס בלאַנקענדיקע געבלעטער
אין דעם האַרבסטיקן שטילשטאַנד
מײַנע אויערן פֿול מיט מענדעלסאָן

איך האָב געלעבט אַ זונרויז
אײַנבייגנדיק זיך תּמיד קערנדיק זיך
צו ליבע צו

זונרויז פֿאַרפֿרוירן פּנים נאָך אַלץ קערנדיק זיך צו ליבע צו
אויערן פֿול מיט מענדעלסאָן
לעב דעם איינעם טאָג
בלויז דעם איינעם טאָג
דעם לעצטן

49. פּרוכט שאַך: שפּילנדיק לויט נײַע געזעצן

דו פּרווּוסט ראָבירן
אַריבערגיין אויפֿן אָרט פֿון איינעם פֿון אונדזערע זין
האָבן אַ מאַמע וואָס איז אַ געבערין ניט ווי דײַנע
וואָס קאָקעטעוועט נישט מיט איר זון ווי דײַנע פֿלעגט טאָן

מען מוז מיך טריקענען דורך פּרירן פֿאַרקלענערן
ביז עס וועט פֿון מיר ווערן אַ געטרוקענטע פֿלוים
כאָטש איך בין נאָך אַ פֿלוים אַ סאַפּעדיקע מיט באַגער
נעם איך ווערן אין דער אײַזיקער אָפּגעזונדערטקייט
שאָרסטיק בײַ די ראַנדן
די נײַע פֿלוים מוז זײַן אַ מיידל פֿאַקטיש אַ מיידל
פונקט אין עלטער פֿון אונדזערע קינדער

נאָר ווען דו ראָבירסט גיסטו מיר די ראָלע
נישט פֿון דער מאַמען
נאָר אַרויס ערגעץ אין דעם ווײַטן ווינקל
אין דער לאַגע פֿון אַ מעטרעסע וואָס איז צו דעם דערגאַנגען
אַז זי מוז בעטן בײַ פֿרײַנט
אָנקלינגען צו דער מיידל פֿרעגן צי דו געפֿינסט זיך דאָרט

„אָט האָב איך אים דאָ!” טוט זי אַ זינג

50. דער נאָמען

מײַן מאַמעס מאַמעס נאָמען איז געווען העני
דאָס הייסט אַז זי האָט נישט דערלעבט מיך אויף די הענט צו האַלטן
נאָר זי האָט די פֿינגער אויף איר טאָכטערס בויך
אַרויפֿגעלייגט און געזאָגט
גיב דאָס נישט נאָך מיר אַ נאָמען

ווען זי איז צו פֿרי געשטאָרבן האָבן זיי מיר אַ נאָמען
געגעבן נאָך איר
געמיינט האָבן זיי אַז זי האָט געזאָגט לאָז מיך
דערלעבן אָנקוקן דאָס קינד
ביז לעצטנס האָב איך אויך אַזוי געמיינט
נאָר איצט ווייס איך דעם אמת

געמיינט האָט זי לאָזט נישט דעם נאָמען דעם גורל
גיין ווײַטער צו פֿאַרשעלטן נאָך אַ דור
איר מאַן איז איר נישט געווען געטרײַ; מײַנער אויך נישט
יעדן פֿון אונדזערע קינדער האָב איך אָנגעזאָגט
פֿאַרשעלט נישט נאָך אַ דור

טאָמער וועט זײַן אַ נאָכוווּקס נאָך מײַן טויט
גיט זיי נישט נאָך מיר אַ נאָמען

פֿערטער טייל

51. אַמעריקע

דו ביסט נישט אַזאַ אוניקום האָסטו בײַם סוף געזאָגט
און מיט דעם האָסטו מיר געמאַכט אַ קאָמפּלימענט
טאַקע אין דעם איז עס געגאַנגען
ענדלעך צו זײַן געוויינטלעך
האָבן אַ געוויינטלעך הויז פֿרוי לאָנקע
אַ שפּיל טאָן אין פּאָקער מיט די חבֿרה פֿון געגנט
זיך נישט דאַרפֿן אַנטשולדיקן פֿאַר אַ פֿרוי וואָס שרײַבט
וואָס באַנוצט זיך מיט איר אייגענעם נאָמען
וואָס וויל זיך נישט איבערפּעקלען קיין טעקסעס מיט
די קינדער
האָט נישט קיין קופּע פֿון אירע סטודענטנס בלויע
ביכער אין ביכערשאַנק
געפֿינען אַ פֿרוי אַ געבוירענע נאָך יענער מלחמה אַ
געבוירענע אויף דער זײַט ים
מער נישט זײַן קיין פֿליכטלינג

52. נישט בײַ זיך אין דער היים

אין דײַן באמת אַמעריקאַנער הויז איז פֿאַראַן
אַ קלײנער שווימבאַסײן ווו דו קענסט נאַקעטערהײט שווימען

באַמבו פֿאַרפֿלאַנצן פֿאַר דעם דאַך
פֿון אונדזער טאַכטערס ערשטער סוכּה
און עסן אין אײנעם מיט דער געוויינטלעכער פֿרוי:

בײַ מיר ליגן די שליסלען צו זעקס הײַזער
איך שלעפּ זיך פֿון אײנעם אין אַנדערן
און פֿליִענדיק דאַכט זיך מיר תּמיד אויס
אַז איך קום אַהײם

איך טו אַ דריי אַ שליסל עפֿן אַ טיר
דאָס צימער איז לײדיק

פֿאַר די אויגן שטײט מיר דײַן אַקסל
מיט אַלע אײנצלהײטן
שווער רונדיק אײַנגעבויגן
מיט זומערשפּרענקעלעך צי אין אָנקראָכמאַליעטן ווײַסן געקלײדט
פּונקט צוגעפּאַסט פֿאַר מײַן קאָפּ
נאָר איך נישטאָ

53. איך ווין אויף דער דעלטאַ־לופֿטליניע

אַלע פּאָר טעג פֿאָר איך אַהיים
פֿון ניו־יאָרק קיין קעמברידזש
אָדער קיין וואַשינגטאָן אָדער אין די בערקשיר
בערג
אָדער קיין קייפּ־קאָד
אַהיימפֿאָרנדיק

איך שליס אויף די טיר און מאַך זיך באַקוועם –
שטענדיק איז פֿאַראַן אַ גלעזערנער טיש אויף צו עסן
לעבן אַ גלעזערנער טיר אַ פּאַרק אין דרויסן

נאָר ס'איז נאָך אַלעמען קיין היים נישט דו ביסט דאָרט
נישטאָ
מיט אַ פּאָר טעג שפּעטער ביך איך שוין ווידער אויף דעלטאַ
אַהיימפֿאָרנדיק

54. נישט דער גן־עדן

אין גן־עדן האָט זיך נאָך קיינער נישט געהאַט
געפּאָרט אַחוץ עטלעכעביימער
און ביימער פֿאַרשטייט זיך פּאָרן זיך דורך פּאָסט
און אויפֿן טעלעפֿאָן
אַזוי ליבן מיר זיך איצטער איך און דו
אונדזערע שטימעס זינגען און פֿינקלען איינס צום
צווייטן
טעלעפֿאָניש לערנענדיק זיך ווידער קאָקעטירן
דו ביסט געווען מײַן מאַן זינט איך האָב געהאַט אַ מאַן
דו האָסט מיך געלערנט נישט דאָס וואַן דע וועלדע
בוך
עקסטאַז האָב איך פֿון דיר געלערנט לײַדנשאַפֿט און
זיך אונטערגעבן

ביימער פֿינקלען אין דער זון
פֿלאַטערן בייגנדיק זיך אין ווינט
באָטן אָן כּוח
באָטן אָן שאָטן ווען מען דאַרף
דאַן לאָזט מען זיי איבער אַליין
אָבער געליבטער פֿון מײַן האַרץ איך בין נישט קיין
בוים

55. מוזיקאַלישע מאַנען

אַ רויב־חיה האָט געטאָן אַ וואַלס אַוועק מיט מײַן מאַן
אַזוי אַז מען דערוואַרט פֿון מיר אַז איך זאָל זײַן
אַ רויב־חיה
ס'איז מײַן ריי
אַ קערפּערשאַפֿט פֿון ווײַבער הייבט זיך
לאָזנדיק די מאַנען הינטער זיך
איך אָבער – קיין רויב־חיה בין איך נישט!
דער טאַנגאָ וואָס עס ווילט זיך מיר אַזוי שטאַרק טאַנצן פֿאָדערט צוויי
אָבער נישט סתּם צוויי
עס מוז נישט אַנדערש זײַן ווי איך מיט מײַן טײַערן
וואָס גייט טאַנצן דעם וואַלס איצט מיט רויב־חיות
בעת די אָרגאַניזאַטאָרן האַלטן אין איין אַוועקנעמען
נאָך שטולן

56. דער שטורקאַץ

„האַלט זיך פֿעסט דאַרפֿסט ביז צום סוף דערפֿאָרן" האָט די
אַלטע פֿרוי געזאָגט
איר האַלטונג שלווהדיק און רויִק און קלאָר
„זיי ווערן אַזוי ווען זיי נעמען ווערן עלטער"

זי איז אַזוי אַלט געווען דער מאַן שוין לאַנג
געשטאָרבן
זייער גליק איז געווען פֿולקום האָט יעדער
געזאָגט
ווען ער איז געשטאָרבן האָט ער זיך קוים געהאַט
גענומען עלטערן

אָט דאָס שטיקל האָר אויף מײַן קאָפּ איז פּלוצלינג
ווײַס געוואָרן
איז איר דער גאַנצער קאָפּ פֿאַמעלעך ווײַס געוואָרן?
„האַלט זיך פֿעסט דאַרפֿסט ביז צום סוף דערפֿאָרן" האָט
די אַלטע פֿרוי געזאָגט

עס האָט זיך געדאַכט אַז אירע אויגן ווייסן
דאָס וואָס מען האָט מיך נאָר וואָס געלערנט
איר רויִקייט איז אין ווײַסער היץ אויסגעשמידט געוואָרן
וואָס די אויגן האָבן איבערגעלעבט האָב איך נישט געקענט אָפּשאַצן

האָט אַ שניט נאָך שאַרפֿער פֿון דער אַלמנהס טרויער
שוין לאַנג זיך אויף איר לײַב פֿאַרהיילט?
„האַלט זיך פֿעסט דאַרפֿסט ביז צום סוף דערפֿאָרן"
האָט זי געשמייכלט און געזאָגט

אירע אויגן האָבן דאַכט זיך געוווּסט וואָס איך האָב נאָר וואָס דערזען
האָט א י ר מאַן געזוכט זײַן יוגנט אין אַ טײַלמאָליק בעט?
„האַלט זיך פֿעסט דאַרפֿסט ביז צום סוף דערפֿאָרן" האָט זי מיר געזאָגט
„זיי ווערן אַזוי ווען זיי נעמען ווערן עלטער"

57. שוויַיגנדיקע קלונגען

דאָס ערשטע מאָל ווען דײַן צײַט אין שטוב האָט
גענומען ווערן ווייניקער
פֿלעגן זײַן די שוויַיגנדיקע קלונגען דאָס אויפֿהענגען
פֿון טרײַבל
אין יענע מאָמענטן ווען איך האָב דיך דערוואַרט
איך האָב נישט געקענט איבעררײַסן די ליניע ביז דו
האָסט זיך דאָ געפֿונען
טאָמער קלינגסטו
נאָר עס האָט מיר אַזוי שרעקלעך דענערווירט
ס'איז געמיינט געווען מיך צו דענערווירן באַפֿלעקן
אונדזער ווידערטרעף

גאַנצע צוויי יאָר האָב איך דיר נישט געזאָגט
און ווען איך האָב שוין יאָ געזאָגט האָסטו געענטפֿערט
אַז עס דאַכט זיך מיר

דו רײַזט איצט ווידער אויף אייגענעם באַראָט
און ווידער אַ מאָל ווען דו געפֿינסט זיך ווײַט
ווײַט פֿון מיר ווי אויך פֿון דער אויפֿהענגערין
קומען די קלונגען
איצט איז דאָס נישט מײַן מורא
דאָס מאָל דערשמעק איך פֿאַקטיש אויף דער אָפֿענער
ליניע
דער אויפֿהענגערינס שוויַיגנדיקע בהלה

58. דעם חבֿרה־מאַנס געגע

דאָס נײַעס:
ס'איז אין זייער דע־ען־אַ!

ניין ניין ערנסט:
באַזונדערע קאָלעקטיוון אין בית סדה און באר־שבֿע
האָבן געפֿאָרשט און געמאָלדן אַז בײַ זכרים
מיט פֿאַרלענגערטע דאָפּאַמין אויפֿנעמערס
געפֿינען זיי אַ סטאַטיסטיש באַטײַטיקע פֿאַרבינדונג
מיט די כאַראַקטער־שטריכן וואָס מען רופֿט „נײַס
זוכעניש"

אַן אומרויִקייט
דאָס באַדערפֿעניש וואָס חזרט זיך כסדר איבער
אײַנצופֿירן ענדערונגען
איבערצושטעלן דאָס מעבל
לאָזן זיך ווײַטער

איך האָב געזען ווי אַ מאַמע גייט אַליין צו דער חופּה
פֿון די אויגן פֿון אַלע צוזעער דורכגעשטאָכן
בעת פֿאַראַדירנדיק מיט איר מאַן איז געגאַנגען
אַ מיידל
ייִנגער פֿון דער כלה זייער טאָכטער

אין דער אָפּערע האָב איך געזען אַ מאַמען אַליין
אויף דעם באַלקאָן
די נאַכט ווען איר טאָכטער האָט דעביוטירט בעת אונטן
פֿאָרנט
אַרומגערינגלט פֿון אירע אייגענע אַלטע פֿרײַנט
אויף שפּעטער אײַנגעלאַדענע אויף זײַן שׂימחה ווי זײַנע
געסט
איז איר מאַן געזעסן און לעבן אים
אויף איר אייגן פּלאַץ בײַ איר לעבן
איז זיך דאָס נײַס געזעסן

ביז אַהער האָט מען דערוואַרט אַז ווײַבער וואָס עס
האָט זיי עפּעס וואָס געפֿעלט
זאָלן זיך פֿאַר בושה באַהאַלטן

הײַנט שוין נישט
דאָס איז די שיינקייט פֿון אָט דער פֿרישער פרי פֿון
דער לאַבאָראַטאָריע
ביידע ווערן ריינגעוואַשן
זי איז אין דעם ניט שולדיק ס'איז ניט קיין שאַנדע
נאָר איינס און צוויי אויך
ער איז נישט שולדיק!
ער האָט דעם חבֿרה־מאַנס געגנע איר פֿאַרשטייט –
ער טראָגט דאָס אין זײַנע קאַמערלעך און עס טראָגט אים
לויט זײַן אײַנגעבוירענער אומבײַטלעכער נאַטור
איז ער אַ נײַס־זוכער

59. דער חבֿרה־מאַן

ווען די יאָרן האָבן זיך געהאַט אַריבערגעקאָלעט
איבער דוד המלכס קאָפּ
און ער איז אַ זקן געוואָרן
האָט מען אים די בסולה אַבֿישג געגעבן
אים צו האַלטן די פּיס וואַרעם אין די נעכט

מײַן ליבער האָט זיך אַן אַבֿישג אויסגעקליבן
אַ מין שטיפּטאָכטער אין עלטער פֿון אונדזערע קינדער
ער גייט אָנגעטאָן אין דזשינס פֿאָרט אויף אַ ביציקל
פּרוווט מיטהאַלטן
מיט די יונגעוואַטע לײַט פֿון איר געזעלשאַפֿט

בעת איך האָב גענומען גיין אין דזשינס
פּרוּווּנדיק מיט אים מיטהאַלטן
פֿון קאָנקורירן מיט אַ מיידל אַ העלפֿט פֿון אונדזער
עלטער
ווער איך שלאַנקער בלאָנדער שאַרפֿער

און נישט ספּעציעל דאָס אַרויסצוהייבן –
ער עלטערט זיך

60. ווען מען האָט מיר געזאָגט אַז דו האָסט געחלשט בײַ יענער מיידל אין שטוב

גיי נישט ווײַטער פֿון מיר אַוועק
ווי דו ביסט שוין דערגאַנגען
ס'איז גענוג ווײַט
נישט ווײַטער פֿון דאָרטן
נישט ווײַטער
שטאַרב מיר נישט אַוועק צו דעם אַלעמען!